Helmut Matthies

Gott kann auch anders

www.fontis-verlag.com

Für Stephan Helmut

Helmut Matthies

Gott kann auch anders

Erfahrungen meines Lebens

fontis

MIX
Papier aus verantwortungsvollen Quellen
FSC® C014138
FSC www.fsc.org

Bibliografische Information der Deutschen Nationalbibliothek
Die Deutsche Nationalbibliothek verzeichnet diese Publikation in der Deutschen Nationalbibliografie; detaillierte bibliografische Daten sind im Internet über www.dnb.de abrufbar.

Die Bibelstellen wurden, soweit nicht anders angegeben, folgender Übersetzung entnommen:

Luther 1984 und Luther 2017

Umschlag: Spoon Design, Olaf Johannson, Langgöns
Fotos Umschlag: © by Helmut Matthies
Fotos Innenteil: Archiv idea
Satz: InnoSet AG, Justin Messmer, Basel
Druck: Finidr
Gedruckt in der Tschechischen Republik

ISBN 978-3-03848-172-0

Inhalt

Statt einem Vorwort: Mit fröhlichem Ernst

Berlin, wo sonst. Der Fall der Mauer jährte sich zum siebenten Mal, ich war noch Student, Du, Helmut, damals schon gefühlt ein halbes Jahrhundert idea-Chefredakteur. Das Abendprogramm beim Politikertreffen in Spandau wäre in Ordnung gewesen. Stattdessen hast Du mich eingeladen:

«Komm, Junge, ich zeig dir mal, wie großartig unsere Hauptstadt ist.»

Eine erste gute Stunde ging es mit dem Hunderter-Bus. Brandenburger Tor, Schloss Bellevue, Goldene Else. Nach einem Hungerhappen in den Hackeschen Höfen führte die hauptstädtische Horizonterweiterung ins Kabarett. Musikalisch trafen wir dort auf die Mutter aller schwarzen Sängerinnen: Aus der Statur einer Mahalia Jackson röhrte die Stimme von Joe Cocker. Es war eine heiße Mischung. Ich begann zum musikalischen Groove mit den Schultern zu rollen, Du mit den Augen. Je später der Abend, desto skurriler wurde die Aufführung. Das Einzige, was noch lauter war als die nicht enden wollenden Gesangseinlagen von Frau Jackson-Cocker, war Dein Lachen. Und das kann anstecken. Zu Beginn noch bemüht, das laute Lachen zu unterdrücken, prusteten wir irgendwann so los, dass uns die Tränen liefen. Zum Ende der Vorstellung hatten wir kaum noch Kraft, uns aus den Sesseln zu heben.

Dieser charismatische Abend war der Beginn einer tragenden Freundschaft über jetzt zwei Jahrzehnte.

Eine Nachrichtenagentur zu führen ist für sich schon eine ernste Sache. Eine evangelikale besonders. Denn hier gibt es nicht nur viel Gegnerschaft «von draußen» gegen die christliche Botschaft, sondern insbesondere auch Scharmützel aus den eigenen Reihen. «Christen sind die Einzigen, die auf ihre eigenen Truppen schießen», sagte mir mal ein Freund. Ich befürchte, er hat recht.

Du hast diese Kämpfe weder gescheut noch gefürchtet. Du hast sie ertragen. Mit Demut und Stehvermögen. Oft beeindruckt hat mich Deine Klarheit in der Sache und gleichzeitig immer wieder auch Deine Bereitschaft, die eigene Position durch die Stimme Andersdenkender abgleichen zu lassen. Du hast beherzt Freundschaften mit katholischen Geschwistern geschlossen. Bist elastisch geblieben, ohne Dich verbiegen zu lassen. Eine pointierte Meinung auch zu politisch keineswegs korrekten Themen, darauf konnte man sich bei Dir immer verlassen.

In vielen Fragen empfand ich Deine Meinung als richtig. Noch eindrücklicher aber war mir, dass ich spürte und wusste: Du machst die Dinge aufrichtig.

Die Härte des Nachrichtengeschäftes kann Menschen ernst machen. Und nicht selten sind Journalisten Berufszyniker. Der liebe Gott mag hier ein Einsehen gehabt haben und Dir ein paar Esslöffel mehr Humor ins Blut gegeben haben, als das bei vielen anderen der Fall ist. Darum konntest Du Deine Berufung und Dein Christsein nicht nur mit Ernst ausfüllen, sondern – wie ich es immer empfand: mit fröhlichem Ernst. Das aber ist wahrhaft evangelisch.

Dominik Klenk, Publizist und Verleger

Zum Geleit: Erfahrungen meines Lebens

Als Kind – und auch später noch – kam mir das Leben immer wie eine einzige Abfolge von Hindernissen vor. Kaum hatte ich ein Hindernis bewältigt, türmte sich das nächste vor mir auf. Wie oft denkst du: Das schaffe ich nie, nie, nie! Wie durch ein Wunder geht es aber doch. Gott kann auch anders!

In deinen trüben Momenten erscheint dir die deutsche Einheit wie eine Fata Morgana, ein übles Trugbild, eine Spinnerei – und du bist der Letzte, der sich das Träumen noch nicht abgewöhnt hat. Und plötzlich stehst du unter dem Brandenburger Tor. Leute strömen in die Freiheit, jubelnd, verrückt vor Freude. Es stinkt nach Benzin, Autos hupen, du verstehst dein eigenes Wort nicht mehr ... Wow, die erste unblutige Revolution in der Geschichte der Menschheit – ein Wunder, und du warst dabei. Du stehst auf einer Stufe, die du niemals zu erreichen glaubtest. Und du spürst es handfest: Gott kann auch anders!

Aber statt dankbar zu sein und in ewige Gewissheit über die täglichen Wunder Gottes zu verfallen, blickst du nach vorne auf die nächste Stufe, die sich als neue Mauer vor dir auftürmt – und du denkst: Das werde ich nie schaffen. Aber wenn du als Christ zurückblickst, wirst du sehen, dass du wirklich schwach, ratlos, unfähig warst – und ein anderer dir die Kraft gab: «Mit meinem Gott kann ich über Mauern springen.» Das ist meine Gewissheit, das ist mein Zeugnis – und das ist der einzige Grund, warum ich den Berg meines Lebens in seinen prägnanten Herausforderungen beschreibe.

Ich hatte eigentlich von Anfang an null Chance, für die Herausforderungen meines Lebens ausreichend gerüstet zu sein. Nun preise ich die Großtaten Gottes in meinem Leben. Er macht es anders, als ich es je gekonnt hätte! Ich bin in die letzte Phase meines Lebens eingetreten, und die größte Stufe liegt noch vor mir …

Helmut Matthies

1.
Familie:
Auch Eltern können Christen werden

BEI GOTT IST NICHTS UNMÖGLICH. Viele Christen leiden darunter, dass ihre Eltern oder Kinder nicht auch Anhänger Jesu sind. Wird bei Seminaren das Thema angeboten: «Was tun, wenn Eltern oder Kinder keine Christen sind?», dann sind sie meistens bestens besucht. Als ich einen bekannten, erfahrenen Seelsorger fragte, ob meine alten Eltern sich vielleicht doch noch für ein Leben als Christen entscheiden könnten, winkte er resigniert ab: «Alte Leute ändern sich nicht!» Doch Gott kann – anders, als wir es erwarten.

Auf der geistlichen Landkarte Deutschlands kann man sich kaum einen größeren Unterschied vorstellen als den zwischen Nord und Süd. Fast alles, was besonders in Württemberg, im Erzgebirge und in gewissen Teilen Bayerns an manchen Orten noch selbstverständlich ist, gilt nördlich des Mains, von wenigen Ausnahmen abgesehen, als völlig ungewöhnlich: reger Kirchenbesuch und eine selbstbewusste Kirchlichkeit. Man ist Christ, und man weiß, was das bedeutet. Das ist selbst in den traditionellen Erweckungsgebieten des Westens und Nordens, im Siegerland, in Minden-Ravensberg und in Hermannsburg in der Lüneburger Heide längst nicht mehr so wie noch vor dem Zweiten Weltkrieg. Weithin herrscht Unchristlichkeit, wenn nicht blankes Heidentum. Die meisten sind zwar nicht direkt gegen Kirche (nach dem Motto: «Ein Pastor ersetzt fünf Polizisten»), aber auch nicht dafür. Ihre Kirchenmitgliedschaft erschöpft sich im Zahlen der Kirchensteuer sowie der Inanspruchnahme von Taufe, Konfirmation, Trauung und auf jeden Fall der kirchlichen Bestattung.

Was ist denn passiert?

Trotzdem wirkt Gott auf vielfältige Weise auch im Norden. Ich bin in einem Dorf zwischen Hannover und Braunschweig mit etwa 2.000 Bewohnern aufgewachsen, von denen in meiner Kindheit 1.800 evangelisch waren. Kamen an einem normalen Sonntag mehr als 30 in den Gottesdienst, fragte der Küster den Pastor schon aufgeregt: «Was ist denn passiert?» Eine Landeskirchliche Gemeinschaft gab es in der nächsten Stadt, aber sie war völlig überaltert. Wer in den Fünfzigerjahren auf dem Dorf zur Schule kam, ging häufig wie selbstverständlich auch in den Kindergottesdienst. (Es lebe die Tradition!) Wir hatten einen hochintelligenten und – wie man unter Pietisten sagt – «gläubigen» Pastor, der sich in seiner Gemeinde schwertat, das Evangelium unter die Bauern und Arbeiter zu bringen. Da er bei den Erwachsenen kaum «Erfolg» verzeichnete, konzentrierte er sich zusammen mit seiner Ehefrau mit großer Liebe und Hingabe auf die Kinder.

Bekehrung durch Schokoladenpudding

Das habe ich selbst erlebt. In meinem Elternhaus hörte ich nie etwas von Gott. Eines Morgens ging ich durch unser Dorf und muss wohl hungrig ausgesehen haben. Jedenfalls sprach mich eine mir unbekannte Frau an und fragte, ob ich Hunger hätte. Als ich es bejahte, fragte sie gleich, was ich denn gern mal essen würde. Meine Antwort bestand aus einem Wort: «Schokoladenpudding.»

Sie lud mich ein, am nächsten Sonntag um 12 Uhr in ein Haus am Ende der Straße zu kommen. Ich erfuhr erst von meinen Eltern, dass es das Pfarrhaus war. Ich bekam wunderbaren Pudding mit Vanillesoße – jeden Sonntag.

Nach einem Vierteljahr fragte mich die Frau unseres Pfarrers, ob ich schon ein Buch besäße. Ich hatte als Achtjähriger tatsächlich nur die von der Schule gestellten Bücher. Sie schenkte mir die Kinderbibel von Anne de Vries. Da der Pudding gut war, ist für mich die Frau gut gewesen. Jetzt musste es auch das Buch sein. Ich habe selten einen Wälzer so häufig gelesen. Es hat mich geradezu fasziniert, was ich über Gott las, und nun wollte auch ich Christ sein. Bald lud sie mich in den Kindergottesdienst ein. Ich saß in der ersten Reihe und sang die Choräle mit so großer Begeisterung, dass mich unser Pastor ermahnte, die anderen Kinder nicht zu übertönen.

Im Konfirmandenunterricht, der zwei Jahre lang zweimal in der Woche stattfand, mussten wir den gesamten Kleinen Katechismus von Martin Luther, zahlreiche Psalmen und viele Choräle auswendig lernen. Damals stöhnte ich oft. Heute bin ich «meinem» Pastor sehr, sehr dankbar, dass er uns viel Stoff pauken ließ, denn ich habe dadurch viele geistliche Schätze verinnerlichen können.

Ich machte erst mal alles falsch

Als ich nach der Konfirmation als Letzter meines Jahrgangs noch regelmäßig den Gottesdienst besuchte, gingen Leute aus dem

Dorf zu meinen Eltern – sie betrieben eine Waldgaststätte – in der Sorge darüber, ob ich seelische Probleme hätte. Mit mir könne etwas nicht stimmen. Im Übrigen sei man doch nicht katholisch, brauche also nicht immer «in die Kirche rennen».

Meine Eltern, denen ich trotz großer Armut eine glückliche Kindheit verdanke, ließen mich in großer Toleranz gewähren. Besonders mein Vater hörte geduldig zu. Aufgrund einer ärztlichen Fehldiagnose im Ersten Weltkrieg war er ein Krüppel (siehe dazu S. 46). Trotzdem war er immer dankbar. Meine Eltern meinten, die «Kirchenrennerei» gebe sich schon wieder.

Für mich war es der größte Wunsch, dass meine Eltern und meine beiden Geschwister auch entschiedene Christen würden. In unserer ganzen Sippe gab es niemanden, mit dem ich über meinen christlichen Glauben reden konnte. In meinem Übermut machte ich zunächst einmal alles falsch: Ich betete demonstrativ bei Tisch und bedrängte meine Eltern und Geschwister, doch den Gottesdienst zu besuchen. Mit dem ersten Ergebnis, dass mein Bruder zum nächstmöglichen Zeitpunkt aus der Kirche austrat.

Nachdem ich mit 16 zur Ausbildung das Elternhaus verlassen hatte, redeten wir kaum noch über den Glauben. Jeder wusste, was der andere dachte.

Eine Beerdigung vom Oberförster

Ich hatte den Mut verloren, meine Hoffnung jedoch nie aufgegeben. Aber offen über meinen Glauben zu reden – das traute ich mich nicht mehr.

Es blieb die Angst, dass meine Eltern unbekehrt sterben könnten. Anfang 1988 erfuhr mein ohnehin schwerbehinderter Vater im Alter von 72 Jahren sein Todesurteil: Er hatte Krebs im letzten Stadium.

Als ich ihn einen Tag, nachdem er die Diagnose gehört hatte, im Krankenhaus besuchte, wagte ich zum ersten Mal seit langem, in seinem Beisein zu beten. Am Krankenbett bat ich hörbar Gott, meinem Vater nahe zu sein.

Mein Vater antwortete mit «Amen». Er hatte nie an den Gott der Bibel geglaubt. Sein Gott war die Natur. Wenn andere zum Gottesdienst gingen, wanderte er im Wald. Als er einmal mit unserer Dorfpfarrerin (die wir inzwischen hatten) darüber sprach, meinte sie keck: «Wenn Sie glauben, Gott in der Natur finden zu können, dann lassen Sie sich doch auch vom Oberförster beerdigen.»

Ein Dreijähriger als Missionar

Schon nach fünf Tagen konnte mein Vater das Krankenhaus verlassen. Es war ja nichts mehr zu machen. Mein Vater lebte nun ganz bewusst auf seinen Tod hin. Er regelte alles, was zu regeln war, sprach ganz offen über seine Beerdigung und wie es dann mit uns weitergehe.

Von jetzt an beteten viele Freunde für meinen Vater. Meine Frau und ich taten es natürlich auch. Wir versuchten darüber hinaus, einfach für ihn da zu sein, besuchten ihn trotz großer Entfernung mindestens jedes Wochenende. Dabei hatten wir es uns zur Regel gemacht, kurz vor unserer Abreise immer mit ihm zu beten. Er ertrug es – so war unser Eindruck. Mehr nicht. Sein Herz schien unberührt.

Eines Tages wurde unser dreijähriger Sohn – sein einziger Enkel – unbewusst zum Missionar. Am Geburtstag meines Vaters sang er ihm unaufgefordert am Telefon ein schlichtes Kinderlied vor: «Eins, zwei, der Herr ist treu. Drei, vier, er ist bei mir. Fünf, sechs, sieben, ich will ihn lieben. Acht, neun, zehn, und immer mit ihm geh'n.»

Mein Vater weinte.

Später hat er sich das Lied immer wieder von seinem Enkel gewünscht. Trotzdem konnten wir keinerlei geistliche Fortschritte erkennen. Wir fragten Seelsorger um Rat. Kaum einer machte uns Hoffnung. «Ich habe nie erlebt, dass sich auf dem Sterbebett noch jemand bekehrt hat. Alte Menschen sind hier stur oder feige – sie schämen sich vor einer Lebenswende», meinte ein erfahrener schwäbischer Pfarrer zu mir.

Wenn ein Gastwirt Christ wird

Inzwischen hatte sich der Zustand meines Vaters dramatisch verschlechtert. Er konnte kaum noch Nahrung zu sich nehmen und hatte starke Schmerzen. Zwei Wochen vor seinem Tod, als er wieder entsetzlich litt, wagte ich, ihm zu sagen: «Vater, jetzt kannst du nur noch auf Jesus vertrauen.»

Seine Antwort überraschte mich tief:

«Junge, das tue ich doch!»

Offensichtlich hatte Gott bereits seit längerem in ihm gewirkt.

Danach fragte ihn meine Frau: «Vater, du hast immer für alles vorgesorgt, weißt du denn jetzt auch, ob du in den Himmel kommst?»

«Nein, das kann man doch nicht wissen.»

Dann erklärte sie ihm anhand der Worte im Johannesevangelium (3,16), was Jesus für ihn bedeutet. Diesen Vers – «Denn so sehr hat Gott die Welt geliebt, dass er seinen einzigen Sohn dahingab, damit alle, die an ihn glauben, nicht verloren gehen, sondern das ewige Leben haben» – kannte er noch aus dem Konfirmandenunterricht.

Beim nächsten Besuch wiederholten wir diesen Vers. Wir sagten noch, es sei gar nicht so schwer zu glauben, man müsse nur innerlich Ja dazu sagen. Vater antwortete:

«Ja, es ist eine innere Umstellung.»

Am Vorabend seines Todes haben wir ihn in seiner großen Not mit dem Hinweis zu trösten versucht, dass ihn die Engel in die Ewigkeit geleiten werden. Spontan antwortete er mit den Worten:

«Ja, das glaube ich.»

Ein paar Stunden später fiel er ins Koma. Seine letzte Regung zur Überraschung meiner Geschwister war, dass er die Hände zum Gebet faltete. Mein Vater ging heim zum Vater im Himmel.

Vorher hatte er noch im Beisein meiner Mutter bestimmt, dass ich ihn beerdigen sollte. Die vielen Trauergäste konnten gar nicht glauben, dass mein Vater – für viele «ihr» Gastwirt – Christ geworden sei.

Bloß nicht zur Bekehrung drängen!

Und meine Mutter? Sie schien von der Bekehrung ihres Ehemannes nicht sonderlich beeindruckt zu sein, schwieg sie doch dazu. Immerhin besuchte sie jetzt öfter den Gottesdienst. In der Evangelischen Frauenhilfe war sie zuständig für das Kaffeekochen. Aber über ihre Beziehung zu Gott wollte sie – nicht untypisch im Norden – nicht reden. Das verstärkte sich noch dadurch, dass bei einem Urlaub übereifrige freikirchliche Christen meinten, meine Mutter zu einer eindeutigen Bekehrung drängen zu müssen. Das hatte sie komplett irritiert.

Eine völlige Überraschung

Vierzehn Jahre nach dem Heimgang meines Vaters stürzte meine Mutter in meinem Elternhaus eine große Treppe hinunter – die Folge eines Hirnschlags. Die 77-Jährige fiel ins Koma, aus dem sie nie wieder erwachte. So war kein Gespräch mehr möglich. Ich schämte mich, weil ich es zuvor nicht mehr gewagt hatte, sie auf die Ewigkeit anzusprechen.

Nach der Beerdigung besuchte ich einen betagten Lehrer in meiner einstigen Heimatgemeinde, weil ich ihn seit Jugendtagen als vollmächtigen Seelsorger schätzte. Zu meiner völligen Überraschung berichtete er mir, dass meine Mutter eine der eifrigsten Besucher des Bibelkreises war, den er leitete. Nie hatte sie uns Kindern davon berichtet, dass sie «an so was» überhaupt teilnahm. Auf meine Frage, ob ich meine Mutter einmal im Himmel wiedersehen würde, meinte er mit großer Bestimmtheit: «Ganz gewiss! Sie hat sich im Bibelkreis stets zu Jesus Christus bekannt.» Auch das hätte ich nicht für möglich gehalten!

Eine weitere Bestätigung fand ich nach ihrem Heimgang am Rande ihres Kopfkissens. Auf einen Zettel hatte sie in bunten Farben ein Wort von dem alttestamentlichen Propheten Sacharja (2,14) geschrieben: «Denn siehe, ich komme und will bei dir wohnen, spricht der Herr.» Dass meine Mutter sich einen Bibelvers aufs Kopfkissen legen könnte – auch das schien mir zuvor völlig undenkbar. Aber bei Gott ist eben nichts unmöglich.

2.
Glaube:
Von der Versuchung, katholisch zu werden

GOTT HAT ÜBERALL SEINE LEUTE. Aus Enttäuschung überlegen sich zahlreicher werdende Christen in den evangelischen Landeskirchen, ob sie nicht austreten und beispielsweise in eine Freikirche oder in die katholische Kirche übertreten sollten. Es gibt zwar mehr Katholiken, die zu EKD-Mitgliedskirchen konvertieren, aber umgekehrt sind es besonders Intellektuelle, die diesen Schritt vollziehen, wie beispielsweise der Regierungssprecher der deutschen Bundesregierung, Steffen Seibert, die Bestsellerautorinnen Christa Meves und Birgit Kelle oder der einstige EKD-Synodale und Theologieprofessor Horst W. Bürkle. Doch wohin begibt man sich, wenn man in die katholische Kirche in Deutschland übertritt?

Im Sommer 2019 haben die beiden Volkskirchen in Deutschland die Statistik über ihre Entwicklung im vergangenen Jahr veröffentlicht. Erstmals verzeichnete die katholische Kirche mit 216.000 fast ebenso viele Austritte wie die evangelische mit 220.000. In früheren Jahren war der Abstand zur Evangelischen Kirche in Deutschland (EKD) fast immer sehr viel größer.

Sofort meinten zahlreiche Medien und Kirchenvertreter, der Grund liege in den vielen Fällen von sexuellem Kindesmissbrauch durch Priester und ihrer mangelnden Aufarbeitung. Medien wie katholische Laienvertreter vermuteten auch gleich die Ursache für das Übel zu wissen: die Ehelosigkeit der Priester.

Doch wenn das ein Hauptgrund wäre, dürfte es nur wenige sexuelle Übergriffe durch evangelische landes- wie freikirchliche Pastoren geben, sind sie doch in der Regel verheiratet. Missbräuche kommen jedoch leider auch im Protestantismus genauso häufig vor. Das ergab eine im März 2019 bekannt gewordene Studie der Universität Ulm. Danach sei davon auszugehen, dass von katholischen Pfarrern etwa 114.000 Menschen in Deutschland sexuell missbraucht worden seien. Zur großen Überraschung wurde festgestellt, dass noch einmal ebenso viele durch Pastoren und Mitarbeiter in evangelischen Kirchen betroffen sein sollen. Auch sogenannte bibeltreue – also evangelikale – Gemeinden bleiben von Missbrauchsfällen nicht verschont.

Viele Evangelikale waren überrascht und erschrocken, als der ehemalige Vorsitzende der Deutschen Evangelischen Allianz und einstige Präses des Bundes Freier evangelischer Gemeinden, Peter Strauch (Witten), 2015 in seiner Biografie bekannte, dass sein Vater – in der Gemeinde «ein legendäres Vorbild» – sich an seinen beiden Enkeltöchtern vergangen habe.

Da das Thema Sexualität in frommen Kreisen bis heute weithin noch ein Tabu ist, schreckt man umso mehr davor zurück, darüber auch nur zu reden. Ein erfahrener Arzt und Seelsorger, der Betroffene aus russland-deutschen baptistischen und evangelikalen Brüdergemeinden betreut, zog bei einem Gespräch in der Zentrale der Evangelischen Nachrichtenagentur idea in Wetzlar die Bilanz:

«Es ist Gott sei Dank eine kleine Minderheit unter den Christen, die mit ihrer Sexualität nicht fertigwird. Theologisch liberale Kirchenmitglieder haben dann meist eine Nebenfrau oder gehen ins Bordell, evangelikale Christen können sich dann auch an ihren eigenen Kindern oder denen von Verwandten vergreifen.»

Das Thema Missbrauch ist also längst nicht spezifisch katholisch. Doch wie kann man überhaupt in Versuchung geraten, katholisch zu werden? Um es schon mal vorweg anzudeuten: aus Verzweiflung über die Situation des Protestantismus und aufgrund von vorbildlichen katholischen Pfarrern und Bischöfen. Meine Begegnungen mit Katholiken sind jedenfalls bis heute fast immer positiv gewesen. Auch habe ich als Journalist weithin gute Erfahrungen mit der katholischen Kirche gemacht.

Weshalb ich dennoch nicht katholisch geworden bin, hängt nicht nur mit theologischen Bedenken zusammen, sondern auch mit der Entwicklung dieser Kirche in Deutschland.

Statt Schlager gab es Glockengeläut

Aber nun der Reihe nach. Ich bin in einem Dorf zwischen Hannover und Braunschweig aufgewachsen, in dem es bis 1945 unter den etwa 2.000 Einwohnern nur einen einzigen Katholiken gab. Nach der Vertreibung aus Schlesien zogen etwa 200 Katholiken in unser Dorf. Meine Familie wohnte außerhalb mitten im Wald, in dem meine Eltern eine Gastwirtschaft betrieben. Als es mit ihr wirtschaftlich bergab ging, kam meinem (schwerbehinderten) Vater der Wunsch der katholischen Gemeinde aus den umliegenden Dörfern gelegen, ihr doch den Tanzsaal mit rund 400 Plätzen zu verpachten.

Wo lange das Tanzbein geschwungen wurde, fanden nun Messen statt. Mein damals noch atheistischer Vater betätigte sich ehrenamtlich als Glöckner, indem er vor der Messe in unserer Gaststube eine Schallplatte mit dem Geläut des Kölner Doms auflegte. Unter den Bäumen vor unserer Gastwirtschaft gab es eine im Sommer viel genutzte Tanzfläche mit Lautsprechern, aus denen nun das Geläut kilometerweit zu hören war.

Die Gläubigen strömten zur Kirche

Die katholische Gemeinde wuchs. Schließlich verkaufte mein Vater einen Teil unseres Anwesens. Der Saal wurde abgerissen, und dort, wo bisher unter Bäumen getanzt wurde, entstand bis 1967 in Fertigbauweise eine schöne katholische Kirche samt Pfarrhaus. Als evangelischer Jugendlicher habe ich mit Staunen ein lebendiges katholisches Gemeindeleben mitbekommen. Die Kirche konnte Sonntag für Sonntag die vielen Gläubigen nicht fassen. Eine ganze Reihe musste draußen stehen. Die Gesänge sind mir bis heute im Ohr.

Drei vorbildliche Priester

Die drei Priester, die ich dort im Laufe der Jahre erlebte, habe ich als Vorbilder in Erinnerung. Besonders der letzte – Pfarrer Vöcking – hat mich beeindruckt. Für alle Priester war mein Vater ein gefragter Gesprächspartner. Es stand ja im Wald neben ihrem Pfarrhaus nur unsere Gaststätte. Es gab fast keinen Abend, an dem nicht der Priester zu uns ins Haus kam. Mein Vater war eine Art Beichtvater, ohne die Beichte abzunehmen – wie Pfarrer Vöcking bei der Trauerfeier für ihn sagte. Als mein Vater im Sterben lag, stand er 24 Stunden an seinem Bett. Ich ermunterte ihn immer, sich doch mal schlafen zu legen. Doch er wartete, bis mein Vater in meinen Armen heimging.

Nur wenige Jahre danach – Anfang der 90er Jahre – wurde Pfarrer Vöcking versetzt. Seitdem steht das Pfarrhaus leer. Der Priestermangel im Bistum Hildesheim ist unbeschreiblich. Das Gemeindeleben in meiner Heimat ist nur noch ein Schatten im Vergleich zu den 60er bis 80er Jahren.

Wenn evangelische Gebiete katholisch werden

Beeindruckt schon vom Verhalten des ersten Priesters (ab 1961 Pfarrer Krebs), interessierte ich mich als Schüler für die katholische Kirche. Besonders die Jesuiten hatten es mir angetan, weil ich wissen wollte, wie eine Gemeinschaft beschaffen sein muss, die es schafft, in der Gegenreformation im 16. bzw. 17. Jahrhundert riesige protestantisch gewordene Gebiete zu rekatholisieren – teilweise leider mit brutaler Gewalt.

Ich fuhr an einem Sonntag 1971 zur Philosophisch-Theologischen Hochschule der Jesuiten, Sankt Georgen, in Frankfurt am Main, klingelte und erklärte: «Ich möchte mal einen Jesuiten kennen lernen.»

Es kam ein älterer Mann: Pater Theodor Becker. Er faszinierte mich nicht nur am ersten Tag. Er ist bis zu seinem Tod Anfang der 80er Jahre für mich zu einem Seelsorger geworden. Ich besuchte damals ein evangelisches Internat in Laubach im Vogelsberg und kam fast jeden zweiten Sonntag zu ihm. Auch während meines Theologiestudiums in Berlin, Hamburg und Heidelberg, meiner Zeit als Vikar der Evangelischen Kirche in Hessen und Nassau und in meinen Anfangsjahren (ab 1977) bei der Evangelischen

Nachrichtenagentur idea mit Sitz in Wetzlar hielt ich Kontakt und belegte auch zwei Gastsemester an der Hochschule. Aber Pater Becker blieb in seiner Bescheidenheit und brüderlichen Zuwendung mein Vorbild bis zu seinem irdischen Lebensende. Er hat nie versucht, mich zu überreden, in den Orden einzutreten.

Als ich einmal wissen wollte, was er einem Katholiken sage, der Priester werden wolle, hat er ganz praktisch und nüchtern geäußert: «Da er zölibatär leben muss, frage ich ihn als Erstes, ob er ohne Pornografie und viel Selbstbefriedigung auskomme. Wenn nicht, erübrigen sich Fragen nach der geistlichen Berufung.»

Ich erinnere mich noch sehr gut daran, dass plötzlich ein dicker Brief bei mir zu Hause eintraf. Darin fand sich ein Buch über Ignatius von Loyola (1491–1556), den Gründer des Jesuitenordens, und ein Brief, in dem mir Pater Becker mitteilte, dass er sehr bald sterben würde aufgrund einer schweren Krebserkrankung (die er mir verschwiegen hatte).

Gleich am nächsten Tag besuchte ich ihn in der Uniklinik in Frankfurt am Main. Wir hatten ein letztes tief bewegendes Gespräch mit einem abschließenden Segensgebet.

Katholische Bischöfe waren einst ein «Fels in der Brandung»

Ich war inzwischen ordinierter Pfarrer und beurlaubt von der hessen-nassauischen Kirche für den Dienst als Leiter von idea. Diese Nachrichtenagentur steht dem evangelikalen Dachverband Deutsche Evangelische Allianz theologisch nahe.

Ich erlebte Ende der 70er und in den 80er und 90er Jahren zahlreiche evangelische Kirchenleiter, die sich dem Zeitgeist theologisch und ethisch angepasst hatten. Demgegenüber standen katholische Bischöfe, die für mich und viele andere Evangelikale wie ein Fels in der Brandung wirkten, allen voran Joachim Kardinal Meisner in Berlin bzw. Köln und Erzbischof Johannes Dyba in Fulda.

Zu den Höhepunkten meines journalistischen Lebens gehörte ein Besuch bei Dyba 1996 und ein langes Interview, das ich mit ihm führen durfte. Es war die Zeit, in der bei evangelikalen Sitzungen so mancher Leiter angesichts bedenklicher Entwicklungen in der EKD stöhnte: «Es ist zum Katholischwerden!»

Evangelikal-katholisches Medientreffen

Schon in den ersten Jahren meiner Zeit bei idea hielt ich Kontakt zu Journalisten vom Kolpingblatt, der Katholischen Nachrichten-Agentur (KNA) und der ausgezeichneten katholischen «Die Tagespost» aus Würzburg, die ich bis heute gern lese. (Sie hatte sogar die Größe, meine hier noch folgenden kritischen Bemerkungen zur Marienfrömmigkeit abzudrucken). Es bildete sich sogar ein mehrere Jahre lang währendes evangelikal-katholisches Medientreffen. Wir kamen – meist in Wetzlar – zusammen, um in der Bibel zu lesen, zu beten und uns über geistliche Fragen auszutauschen. Daraus erwachsen ist seit 1997 ein etwa fünfmal im Jahr für einen Tag zusammenkommender Medienhauskreis.

Dankbar stelle ich fest, dass sich zunehmend Katholiken als evangelikal verstehen oder sogar bezeichnen, wie etwa der Erfinder des Jugendkatechismus YOUCAT, Bernhard Meuser, der Verleger Ralf Markmeier oder der Chef des renommierten Meinungsforschungsinstituts INSA in Erfurt, Hermann Binkert. Erst recht stehen die – vor allem aus Frust über den Kurs der evangelischen Volkskirche – zum Katholizismus konvertierten Protestanten Christa Meves oder Birgit Kelle in vielem der evangelikalen Bewegung ebenso sehr nahe wie der Psychiater und Bestsellerautor Manfred Lütz. Bernhard Meuser schätzt, dass etwa 20 bis 25 Prozent der praktizierenden Katholiken im deutschsprachigen Raum evangelikal orientiert seien. Ihre Kennzeichen sind wie bei den protestantischen Evangelikalen eine persönliche Beziehung zu Jesus Christus und die intensive Lektüre der Heiligen Schrift als Gottes Wort.

Nur noch eine Stunde länger …

Tief beeindruckt haben mich auch mittlerweile drei Treffen mit deutschsprachigen katholischen Medienleuten in Rom, die vom FE-Medienverlag in Kißlegg und dem Vatican Magazin organisiert werden. Besonders Begegnungen mit Kardinal Kurt Koch haben mich geprägt. Nach dem zweiten Treffen rief ich vom Flughafen in Rom meine Frau mit den Worten an:

«Wenn ich hier noch eine Stunde länger Kardinal Koch erlebe, trete ich über.»

Das Flugzeug wartete nicht.

Ein großes Hindernis: die Rolle Marias

Was mir theologisch am Katholizismus vor allem zu schaffen macht, ist die Rolle Marias. Auch Martin Luther hat Maria als Mutter des Sohnes Gottes zu Recht verehrt, und viele Protestanten tun es heute viel zu wenig. Aber die Bedeutung, die Maria in der katholischen Theologie zugedacht ist, halte ich für unbiblisch. Natürlich gibt es das Magnifikat im 2. Kapitel des Lukasevangeliums. Aber andererseits auch die geradezu menschlich brutale Zurückweisung Marias durch Jesus, wenn er bei der Hochzeit zu Kana (Johannesevangelium 2,3–4) sagt: «Und als der Wein ausging, spricht die Mutter Jesu zu ihm: Sie haben keinen Wein mehr. Jesus spricht zu ihr: Was geht's dich an, Frau, was ich tue?», oder über seine Verwandtschaft (Matthäusevangelium 12,46–50): «Als er noch zu dem Volk redete, siehe, da standen seine Mutter und seine Brüder draußen, die wollten mit ihm reden. Da sprach einer zu ihm: Siehe, deine Mutter und deine Brüder stehen draußen und wollen mit dir reden. Er antwortete aber und sprach zu dem, der es ihm ansagte: Wer ist meine Mutter, und wer sind meine Brüder? Und er streckte die Hand aus über seine Jünger und sprach: Siehe da, das ist meine Mutter, und das sind meine Brüder! Denn wer den Willen tut meines Vaters im Himmel, der ist mir Bruder und Schwester und Mutter.» (Als weitere Stellen könnte man benennen: Matthäusevangelium 10,37; Lukasevangelium 14,26; 2,48–50).

Es fehlt ein biblischer Beleg

Ich hatte während der letzten Medientagung 2017 in Rom gleich mehrere Gespräche über Maria. Mir wurde immer wieder gesagt, dass man zwar nicht zu Maria bete, sie aber anrufe und um Hilfe bitte.

Für diese Möglichkeit finde ich keinen biblischen Beleg. Im Gegenteil: Zahlreiche Stellen wie «Ich bin der Weg und die Wahrheit und das Leben; niemand kommt zum Vater denn durch mich» (Johannesevangelium 14,6) verbieten geradezu eine auch nur irgendwie geartete Nebeninstanz. Oft wird mir dann gesagt: «Maria ist für die kleinen Probleme zuständig, für die großen wenden wir uns natürlich an Jesus Christus.» Doch die Evangelien bezeugen, dass Jesus – wie er selbst sagt – für *alle* Sorgen zuständig sein will.

Ein Schock: die Marienkirche in Danzig

Geradezu schockiert hat mich ein Besuch in der bis 1945 größten evangelischen Kirche der Welt, der Marienkirche in Danzig. Wenn man reinkommt, blickt man auf ein riesiges Marienbild auf dem zentralen Altar. Jesus gibt es nur auf Nebenaltären zu sehen. Er scheint hier keine Rolle mehr zu spielen. Doch nach dem Neuen Testament ist nun mal Jesus allein der Eckstein. Maria ist verehrungswürdig, weil sie Gott gehorsam war und seinen Sohn gebar. Aber sie ist trotzdem eine Sünderin wie wir alle, und es gibt keinen biblischen Beleg für das Gegenteil, geschweige denn die Möglichkeit, sie anzurufen.

Auch manches andere verstehe ich an der katholischen Lehre nicht, wie die überaus dominierende Rolle der Priester und den Ablass.

Was bedeuten diese Unterschiede?

Man könnte sich natürlich die Frage stellen: Was bedeuten schon diese Unterschiede im Vergleich zu den Irrlehren, die von manchen evangelischen Kirchenleitern vertreten werden, die beispielsweise die Jungfrauengeburt oder die leibliche Auferstehung Jesu leugnen? Dagegen sind meine Bedenken gegenüber manchen katholischen Lehren ja relativ unbedeutend.

Doch bisher gilt im Protestantismus offiziell das Apostolische Glaubensbekenntnis, und in allen Landeskirchen werden die Pfarrer immer noch auf die Bibel und das darauf gründende Bekenntnis ordiniert.

Auch mich durchschoss angesichts mancher Irrwege meiner Kirche immer mal wieder der Gedanke an einen Wechsel – besonders nach den vorzüglichen drei Jesus-Büchern von Papst Benedikt XVI., die beispielhaft evangelisch (gleich evangeliumsgemäß) sind.

Wohin würde ich übertreten?

Aber wohin würde ich heute übertreten? In den letzten Jahren hat meiner Ansicht nach eine Protestantisierung der deutschen (!) katholischen Kirche im unguten Sinne stattgefunden. Katholische Bischöfe sehen sich offenbar weithin nicht mehr als Alternative zu vielen ihrer evangelischen Kollegen, sondern vertreten mit ihnen gemeinsam bedenkliche Positionen. So ist beispielsweise die «Woche für das Leben», die 1991 von der katholischen Kirche initiiert wurde, um die Bevölkerung für den Schutz ungeborener Kinder zu sensibilisieren, zu einer Allerweltsveranstaltung verkommen. Das liegt zwar vor allem am Einfluss der EKD, die 1994 dazukam, aber früher hätte die katholische Kirche eine derartige Aufweichung nie geduldet, schließlich geht es bei der Tötung von Hunderttausenden von Kindern um das größte Verbrechen in Deutschland seit 1945.

Greta und der Einzug von Jesus

Überhaupt lese, höre und sehe ich zu immer mehr Themen von katholischen Bischöfen und Organisationen theologisch seichte und politisch angepasste Aussagen, wie ich sie bisher nur von vielen evangelischen Kirchenleitern und Werken kannte und kenne.

Dass auch der Vorsitzende der (katholischen) Deutschen Bischofskonferenz, Kardinal Reinhard Marx, 2016 zusammen mit dem EKD-Ratsvorsitzenden, Landesbischof Heinrich Bedford-Strohm, in Jerusalem sein Amtskreuz abgenommen hat, haben nicht nur katholische Christen nicht begreifen können.

Beide bedauern erfreulicherweise inzwischen, dass sie sich so verhalten haben. Umso unverständlicher ist, dass beide in ihren Grußworten zum islamischen Fastenmonat Ramadan 2019 den Herrn ihrer Kirche, Jesus Christus, mit keinem Wort erwähnen. Schämt man sich seiner?

Im 1. Johannesbrief 4,3 heißt es eindeutig: «Ein jeder Geist, der Jesus nicht bekennt, der ist nicht von Gott.» Nach dem Zeugnis des Neuen Testaments liegt das Heil für alle Menschen – auch für Juden, Muslime, Buddhisten, Hindus – allein in der Verbindung mit Christus! Man wird doch nicht wollen, dass sie alle nicht in den Himmel kommen?

Auch auf diese Weise begeben sich manche katholische Oberhirten in die Nähe einer unheilvollen protestantischen Zeitgeisttheologie. Wenn beispielsweise der Bischof der Evangelischen Kirche Berlin-Brandenburg-schlesische Oberlausitz, Markus Dröge, nachdem alle möglichen Politiker schon die «Freitage für die Zukunft»-Bewegung gelobt haben, sie ebenfalls würdigt, war das bei ihm vorauszusehen. Dass diese Demos aber vom katholischen Erzbischof in Berlin, Heiner Koch, mit dem Einzug Jesu in Jerusalem verglichen werden konnten, grenzt an Blasphemie. Zu Recht kommentierte die Tageszeitung «Die Welt» (15. April 2019): «Wer die schwedische 16-jährige Klimaschutzaktivistin Greta Thunberg zu einer irdischen Heilsfigur erklärt, heischt billigen Beifall … Wann lernen die Kirchen endlich, sich auf ihr Terrain zu beschränken?»

Wenn katholische Bischöfe die evangelischen überholen wollen

Bischöfe haben nach dem Neuen Testament den Auftrag, die christliche Botschaft allen Menschen glaub-würdig zu vermitteln. Wenn sie aber in der Bevölkerung vor allem bekannt sind durch politische Aussagen, verfehlen sie in einer Demokratie mit zahlreichen Parteien ihr Amt.

Wenn ich einen Brandenburger gefragt habe, ob er Bischof Dröge kennt, dann lautete die Antwort meist: Nein. Und wenn ja, dann oft mit dem Zusatz: «Ist das der, der immer gegen die AfD wettert?»

Warum wohl sagte niemand: «Ist das nicht der, der uns ermuntert, Christ zu werden?»

Es ist tragisch, wenn bei immer mehr Zeitgeistthemen katholische Bischöfe die evangelischen offensichtlich sogar noch überholen wollen. Natürlich gibt es auch Ausnahmen wie die Bischöfe Gregor Maria Hanke, Rudolf Voderholzer, Stefan Oster und Kardinal Rainer Maria Woelki (den ich als geistlich-seelsorgerlichen Mann sehr schätze). Besonders ein Interview mit Stefan Oster aus Passau hat mich derart beeindruckt, dass ich es 2016 als Titelgeschichte in das Wochenmagazin idea Spektrum genommen habe. Das war feinste evangelische Botschaft.

Die wahre Ökumene

Ich sehe eine große ökumenische Verheißung darin, wenn wir uns als Evangelische und Katholiken auf das «Allein Christus» einigen könnten. Denn nur das Bekenntnis zu Christus in Wort und Tat ist die Eintrittskarte in den Himmel (Matthäusevangelium 10,32).

Eine wesentliche Gruppe unter uns Christen hat bereits Einheit erfahren und gelebt: die große Zahl der verfolgten Christen. Denn die Verfolger kennen weder Katholiken noch Protestanten. Sie verfolgen sie auch nicht, weil sie dieser oder jener Konfession angehören, sondern weil sie sich zu Christus bekennen. Die Verfolgung schweißt diese Christen zusammen. Das wird aus vielen Epochen und Staaten berichtet, wo Christen leiden. Papst Franziskus hat recht: Die Ökumene, die auf jeden Fall bereits gelebt wird, ist die Ökumene des Blutes.

3.
Niederlagen:
Gott kann mit Versagern viel anfangen

GOTT WEISS ES BESSER. Gott kann sein Kind scheitern lassen, weil er ihm damit etwas deutlich machen will. So habe ich es jedenfalls später für mich empfunden. Gott weiß eben besser, was für uns gut ist. Da können sogar Missionsdirektoren irren! Das zeigt das Beispiel von zwei großen, freilich unerreichbaren Vorbildern von mir. Zum einen ein englisches Hausmädchen, Gladys Aylward, die eine der wirkungsvollsten Missionarinnen der Kirchengeschichte wurde. Und ebenso der Aufstieg eines armen, leidgeprüften Waisenjungen, Carl Bolle. Er stellte vor über 100 Jahren trotz kaum vorhandener Schulbildung so etwas dar wie heute die frommen Unternehmerfamilien Deichmann, Loh, Bremicker, Rentrop oder Rensch. Carl Bolle ist leider kaum bekannt. Deshalb gehe ich ausführlich auf ihn ein. Er stammt wie meine Großmutter (väterlicherseits) aus dem Dorf Milow im Havelland, westlich von Berlin.

Ich war als Kind eine Niete, flog ich doch 1963 in der siebten Klasse von einer Oberschule in der Nähe von Peine (also in Niedersachsen). Nicht wegen Christenverfolgung oder Mobbing. Ich war einfach faul. Die Folge: Ich bekam ein Zeugnis, das vermutlich ziemlich einmalig sein dürfte: vier Fünfen und vier Sechsen.

Am letzten Schultag vor den Herbstferien kam der Rektor in meine Klasse, rief mich raus und sagte: «Ich fahre dich heute nach Hause.»

Als ich ihm sagte, das sei nicht nötig, da ich mein Fahrrad dabei hätte, bestand er auf der Autofahrt.

Schließlich wagte ich zu fragen, warum er mich unbedingt selbst nach Hause bringen wollte. Seine vielsagende Antwort:

«Damit dich dein Vater nicht zu sehr verprügelt.»

Schläge waren damals in vielen Schulen und Familien üblich. Als der Rektor bei uns in der Wohnzimmertür stand, ahnte meine Mutter, dass etwas Schlimmes passiert sein musste, und weinte schon mal. Mein Vater konnte kaum hochschauen, denn er war ein Krüppel, von Kindheit an zu 90 Prozent schwerstbehindert aufgrund der bereits erwähnten ärztlichen Fehldiagnose im Ersten Weltkrieg. Mein Vater erfasste sofort die Situation: der Rektor – ein Hüne –, die verzweifelte Ehefrau und ich, der 13-Jährige, mit hochrotem Kopf.

Der Rektor versuchte, meine Eltern zu trösten: «Auch Einstein blieb sitzen, auch dieser und jener versagte in der Schule und ist trotzdem nicht zum Bettler geworden …»

Was tat nun mein Vater?

Vater nahm mich in den Arm und sagte nur: «Junge, das schaffen wir schon wieder.» Mein Vater hätte allen Grund gehabt, mich zu bestrafen. Meine sehr armen Eltern hatten mir den Oberschulbesuch ermöglicht, indem sie sich das Geld dafür vom Munde abgespart hatten. Und ich hatte versagt.

Ich habe dann beides erlebt: Gesetz und Evangelium. Das Gesetz: «Ich habe gegen die Regel verstoßen, fleißig sein zu müssen, und flog völlig zu Recht von der Schule.» – Das Evangelium: «Ich bekam eine neue Chance.»

Durch die evangeliumsgemäße, eben evangelische Art, wie mein Vater mich Versager behandelt hat, änderte ich mich schlagartig. Ich fing an, wie irre zu lernen, und vieles wurde schließlich gut. Ich holte mein Abitur nach, studierte Theologie und wurde schließlich Pfarrer und Journalist.

In diesem Zusammenhang sind mir zwei Christen zum Vorbild geworden, mit denen ich mich natürlich keineswegs vergleichen möchte. Auf beide möchte ich ausführlicher eingehen, weil sie Beispielhaftes bewirkten, obwohl alle Voraussetzungen dagegen sprachen.

Ein Hausmädchen revolutioniert den Norden Chinas

Die Volksrepublik China gilt als einer der immer mächtiger werdenden Staaten. Um den Sozialismus 1949 und danach durchzusetzen, wurde einst Mao zum größten Massenmörder aller Zeiten: 70 Millionen Bürger fielen seiner Herrschaft zum Opfer.

Die neue Diktatur beendete auch das Wirken einer der ungewöhnlichsten Missionarinnen der Kirchengeschichte: Gladys Aylward. Ihr Leben widerspricht allem, was theologische Hochschulen an Voraussetzungen fordern: Sie hatte weder Abitur noch eine Ausbildung.

1902 ist Gladys Aylward in Edmonton (London) als Tochter eines Postboten geboren. Ihre Familie gehört zur Anglikanischen Kirche. Im Alter von 14 Jahren arbeitet sie als Hausmädchen.

Mit 18 entscheidet sie sich für ein Leben als Christin. Sie ist schnell davon überzeugt, dass sie den Menschen in China das Evangelium bringen sollte, und bewirbt sich als Missionarin bei der China-Inland-Mission in deren Zentrale in London.

Nach einer dreimonatigen Probephase 1930 wird sie abgewiesen, weil sie intellektuell nicht geeignet sei, ihrer Berufung zu folgen.

Doch sie gibt nicht auf. In zwei Jahren spart sie das Geld, um sich die Reise nach Nordchina zu finanzieren.

Die Fahrt verläuft 1932 durch den Krieg in der Mandschurei äußerst abenteuerlich. Sie kommt unter bei einer der ganz wenigen Missionarinnen in Nordchina. Die Missionarin betreibt in einer größeren Stadt eine Herberge für durchreisende Eselstreiber, denen sie abends von der christlichen Botschaft erzählt. Gladys Aylward macht mit, übernimmt nach dem Tod der Missionarin die Herberge und wirkt so überzeugend, dass der Mandarin (eine Art Ministerpräsident) der Provinz sie zeitweilig in seine Dienste nimmt, damit sie beispielsweise dafür sorgt, dass die schrecklichen Verschnürungen der Füße kleiner Mädchen in China aufhören. Dadurch hat sie die Möglichkeit, in vielen Dörfern im Norden Chinas herumzureisen und (auch) die christliche Botschaft zu verbreiten.

Bei einer furchtbaren Auseinandersetzung im Gefängnis der Stadt schafft sie es, für Frieden zu sorgen. Ihr Ansehen wird derart groß, dass sich der mächtigste Mann im Norden Chinas – besagter Mandarin – schließlich aufgrund ihres sozialen und friedensstiftenden Wirkens entscheidet, Christ zu werden.

Als 1937 der chinesisch-japanische Krieg beginnt, kümmert sich Gladys Aylward um Waisenkinder. 1940 flieht sie mit rund 100 von ihnen wochenlang zu Fuß über die Berge in den zunächst sicheren Süden und rettet ihnen damit das Leben. Danach erkrankt sie selbst schwer an Typhus.

In den folgenden Jahren erlebt sie, wie zahllose Christen wegen ihres Glaubens von den Maoisten geköpft werden. 1949 kehrt sie nach England zurück. Sie wird zu vielen Vorträgen (auch in den USA) und Berichten eingeladen – selbst von der britischen Königin Elisabeth II.

1957 reist sie erneut nach China – in den freien Teil: zuerst nach Hongkong, dann nach Taiwan. Dort baut sie in der Hauptstadt Taipeh ein Waisenhaus auf. 1970 stirbt sie dort.

«Die Frau, die uns lieb hat»

In China erhält sie den Namen «Ai-Weh-Töh» (die Frau, die uns lieb hat). Sie liebt Gott und die Menschen. Diese Liebe war ihr «Erfolgsgeheimnis».

Das Leben von Gladys Aylward widerspricht allen gängigen Theorien, was für Missionare absolut nötig sei: eine ausgezeichnete Ausbildung, möglichst akademische Titel – begleitet von einer guten Versorgung, damit man sich auf seine Tätigkeit konzentrieren kann. Obwohl man Gladys Aylward für den Missionsdienst für zu dumm erachtet, geht sie hinaus – ohne ein Missionswerk und eine Gemeinde hinter sich zu haben, ohne im Blick auf Krankheiten oder eine Rente versichert zu sein.

Sie ist sicher eine Ausnahmeerscheinung. In der Regel sollte es anders laufen. Aber ihr Leben zeigt, dass Gott auch über Ausnahmen Großes bewirken kann. Die angeblich dumme Gladys Aylward wurde als Europäerin von einem bekannten chinesischen Schriftsteller – Hsu Soo – zu «einer der bedeutendsten Gestalten der chinesischen Geschichte des 20. Jahrhunderts» erklärt.

Das Leben von Gladys Aylward ist die Grundlage für den Film «Die Herberge zur 6. Glückseligkeit», der 1958 mit zwei so berühmten Schauspielern wie Ingrid Bergman und Curd Jürgens in den Hauptrollen Premiere hatte und heute als DVD erhältlich ist. (Nicht mit der Realität stimmt in dem Film die in Hollywoodproduktionen offenbar notwendige Liebesgeschichte überein: Sie gab es nicht.)

Die Geschichte von Gladys Aylward schrieb überaus faszinierend die holländische Missionarin M. A. Mijnders-van Woerden auf: «Gladys Aylward: Die Frau mit dem Buch», Christliche Literatur-Verbreitung (Bielefeld), 352 Seiten.

Vom Waisenkind zum frommen «Milchkönig»

Auch Carl Bolle fehlten alle Voraussetzungen für eine Karriere. In den ersten zwanzig Jahren erlebte er nur Leid und Elend. Niemand hätte es für möglich gehalten, dass er einmal ein frommer und hochgeachteter Unternehmer werden würde:

1832 wurde Bolle in dem malerischen Havelort Milow bei Rathenow westlich von Berlin geboren. Als er vier Jahre alt ist, ertrinkt sein Vater in der Havel. Seine Mutter stirbt kurz danach. Carl und seine fünf Geschwister sind auf sich allein gestellt.

Auf der Kegelbahn in der Gastwirtschaft seines Onkels verdient er sich als Kind etwas Geld. Die Milower Dorfschule besteht aus einer einzigen Klasse, in der 140 Jungen und Mädchen unterrichtet werden. Mit 14 kommt Bolle ins nahe gelegene Brandenburg an der Havel auf die Realschule und später aufs Gymnasium.

Doch er scheitert. Nach der 6. Klasse verlässt er die Schule und macht in Rathenow eine Maurerlehre. Über diese Zeit schreibt er: «Ich musste von morgens früh 5 Uhr bis abends 8 Uhr und auch noch länger arbeiten, in Hitze und Kälte, bei Regen und Wind …» Als Maurergeselle verdient er 1,25 Mark pro Tag.

Gegen den Willen seines Vormundes, des ältesten Bruders, erfüllt sich der inzwischen 18-Jährige einen langersehnten Wunsch und tritt eine lange Wanderschaft an – von Berlin durch Sachsen und Böhmen über Prag nach Wien. Mit einem Frachtdampfer fährt er weiter donauabwärts und findet in Budapest Arbeit. Doch dann wird er schwer krank und schafft es gerade noch einmal zurück in die Heimat zu seiner Schwester nach Rathenow, die ihn gesundpflegt.

Er wurde ein neuer Mensch

In dieser Umbruchsituation fragt er nach dem Sinn seines Lebens. Entscheidend für seinen weiteren Lebensweg wird die Begegnung mit dem Pfarrerehepaar Esche in seinem Heimatdorf Milow. Pfarrer Esche schreibt darüber: «Bolle fing nun an, die lange vernachlässigte Heilige Schrift und daneben passende Erbauungsbücher zu lesen, sodann die Gottesdienste fleißig zu besuchen und über die gehörten Predigten sich auszusprechen. Der Herr hatte sichtbar sein Werk mit ihm angefangen.»

Besonders die aus England stammende Pfarrersfrau beeindruckt den inzwischen 20-Jährigen sehr. Mit ihr liest er den damaligen geistlichen Bestseller, Richard Baxters «Die ewige Ruhe der Heiligen». Baxter sieht es als notwendig an, sich bedingungslos an Gott zu halten: Ein Christ muss eine Wiedergeburt erlebt haben, also ein Mensch werden, der sich allein an Christus orientiert. Genau das ist Bolle dann laut Esche geworden – «ein neuer Mensch».

Mit dem Pfarrer besucht Bolle ein Missionsfest. Danach will er selbst Missionar in Südafrika werden. Zwei Jahre besucht er das Berliner Missionshaus, das jedoch gerade eine Krise durchlebt. Bolle wird in Intrigen zwischen den Dozenten hineingezogen.

Mit mehreren anderen Schülern bricht er seine Ausbildung ab, greift wieder zur Maurerkelle. Gleichzeitig versucht der nun 25-Jährige, sein Abitur nachzuholen. Doch während der Prüfung geht es mit seinen Kräften zu Ende.

Bloß keine geistige Arbeit!

Das Urteil seines Arztes: «Lassen Sie mindestens zehn Jahre lang alle geistige Arbeit beiseite. Dann werden Sie Linderung finden.»

Er wird Maurermeister, heiratet mit 28. In der damaligen Goldgräberstimmung des aufstrebenden Berlins zieht es ihn 1860 in die preußische Metropole. Sein Lebensmotiv ist seit seiner Bekehrung: Wie kann ich die Talente, die Gott mir gegeben hat (die «anvertrauten Pfunde»), bestmöglich einsetzen, um auch im Jüngsten Gericht bestehen zu können?

Diese Sicht – vom Ende her – führt zu einem risikobereiten und furchtlosen Denken und zu immer neuen Unternehmungen. Ein Beispiel: Es gelingt ihm, Gelder zu beschaffen, damit er ein Mietshaus bauen kann. Doch sowohl der Polizeipräsident als auch das Handelsministerium verweigern die Erlaubnis. Aber der nicht mal 30-jährige, völlig unbekannte, mittellose Handwerker lässt sich nicht beirren.

Ohne Bange bis zum König

Er dringt bis ins Vorzimmer des preußischen Königs vor. Mit der Begründung, er habe es nicht gern, «wenn seine Bürger durch Versäumnisse der Behörden geschädigt werden», gibt König Wilhelm I. den Befehl, ihm sofort zu helfen. Schon am nächsten Tag trifft die Bauerlaubnis ein: Bolle wird Bauunternehmer. Bald baut er überall mit: Der heutige Westen Berlins entsteht. Bolle steht morgens um drei Uhr auf und bleibt bis 20 Uhr im Geschäft. Banken leihen ihm gern, da er als prompter Rückzahler geschätzt wird.

Ein Millionär wird arm

Seine Ideen kennen kaum Grenzen: Als er im Winter das dicke Eis auf den vielen Seen Berlins sieht, erkennt er darin sogleich eine «Vermarktungschance» (vom Kühlschrank war ja damals nicht einmal zu träumen). Bolle stellt Arbeiter an, die es heraushacken und als Stangeneis verkaufen. Bald baut er regelrechte Eiswerke.

Doch er bleibt auch von herben Rückschlägen nicht verschont, wie dem Buch des Berliner Journalisten Frank Pauli, «Bimmel-Bolle. Ein christlicher Unternehmer in Berlin» (Wichern-Verlag, 2000), zu entnehmen ist, dem ich viele Informationen über Bolle verdanke. So bricht seine Hausbank zusammen. Er verliert sein gesamtes Vermögen: zwei Millionen Mark. (Zum Vergleich: Eine Straßenbahnfahrt kostete 5 Pfennige.)

Bolle muss wieder ganz von vorn anfangen. Auf Anregung des liberalen Abgeordneten Georg von Bunsen entschließt er sich, den ersten Seefischhandel im deutschen Binnenland zu betreiben. Der preußische Kronprinz (der spätere Kaiser Friedrich III.) lobt ihn später für sein Talent, ein billiges Volksnahrungsmittel für die Großstadt gefunden zu haben. Reichskanzler Otto von Bismarck entsendet ihn nach dem Deutsch-Französischen Krieg ins Elsass, um auch dort Entsprechendes aufzubauen.

… dann wird er zum gefragten «Milchkönig» von Berlin

Doch dann beginnt er ein Geschäft, durch das der fast 50-Jährige weit über Berlin hinaus bekannt wird: Als Erster fängt Bolle 1881 in großem Umfang an, frische Milch von Pferdewagen herab auf den Straßen zu verkaufen. Die Milchkutscher kündigen sich mit einer Handglocke an. Dazu werden Fahrpläne für die später rund 3.000 Halte- und Verkaufsstellen herausgegeben. «Bimmel-Bolle» wird der Spitzname des «Milch-Königs». In der Stadt, deren Einwohnerzahl sich der Zwei-Millionen-Grenze näherte, lautet der neue Gassenhauer: «Bimmel-Bolle bimmelt nicht zum Zeitvertreib. Bimmel-Bolle hat nicht Zeit.»

Ein Pietist senkt die Kindersterblichkeit

Bolle ist der Erste, der die neuesten wissenschaftlichen Erkenntnisse bei Milchproduktion und Milchverkauf anwendet und dazu Laboratorien einrichtet. Chemiker, Ärzte und Tierärzte wachen darüber, dass nur frische, ungepanschte Milch zu den Verbrauchern kommt.

Bolles Meierei gilt bald in ganz Europa als modernster und gesündester Milchbetrieb. Der Bakteriologe und Entdecker des Diphterieserums, Emil von Behring, besucht seine Meierei ebenso wie der Begründer der Anstalten in Bethel, Friedrich von Bodelschwingh. Sogar Kaiser Wilhelm II. samt Gemahlin kommen zu Bolles Meierei, wird doch ihr zugeschrieben, dass die Kindersterblichkeit in der deutschen Hauptstadt erheblich zurückgeht. Ein hoher ungarischer Regierungsbeamter schreibt, es sei die «hervorragendste derartige Unternehmung der Welt». Und das dank eines Pietisten aus dem kleinen Haveldorf Milow!

Ein beispielloses missionarisches und diakonisches Engagement

Aus seiner christlichen Verantwortung heraus ist Bolle gleichzeitig in seinem sozialen Engagement geradezu beispiellos. Er gehört zu den Ersten, die dafür plädierten, dass Frauen einen Beruf erlernen sollen. Er führt als Erster eine planmäßige Müttererholung ein und wird so der «Erfinder» des späteren Müttergenesungswerkes. Er nimmt sich jeweils bis zu 20 entlassener Strafgefangener an, um die sich damals kaum jemand kümmert. Für sie stellt er einen Diakon zur Betreuung an. Damit sie ordentlich im Gottesdienst erscheinen, bekommen sie einen Sonntagsanzug geschenkt. Jeder neue Arbeiter wird von einem Beauftragten Bolles besucht, der prüft, ob man nicht in sozialer Hinsicht etwas für ihn tun könnte. Für jeweils 60 Kinder seiner Arbeiter stellt er seine Sommervilla in Milow als Erholungsheim zur Verfügung (heute eine der schönsten Jugendherbergen). Die Betriebssparkasse garantiert beispiellose fünf Prozent Zinsen. Jede Woche bekommt jeder den «Fabrikboten» in die Hand, der unter dem Motto erscheint «Einigkeit macht stark» und «Bete und arbeite».

Eine Mark Strafe für Gottesdienstschwänzen

Bolle geht es auch immer um das seelische und geistliche Wohl seiner Arbeiter. Jeden Sonnabendnachmittag gibt es einen Gottesdienst, der – und hier übertreibt der eifrige Pietist Bolle – besucht werden *muss.* Sonst ist eine Mark Strafe zu zahlen. 1897 werden mehrere katholische Arbeiter auf die Straße gesetzt mit der Begründung, sie seien den Hausgottesdiensten ferngeblieben. Selbst an den Pferdeställen lässt er Bibelworte anbringen wie: «Der Gerechte erbarmt sich seines Viehs; das Herz der Gottlosen aber ist unbarmherzig.»

Für die geistliche Betreuung seiner Mitarbeiter stellt Bolle drei Pfarrer an. Dabei bleibt es nicht: Der Mann, der gern Missionar geworden wäre, aber in der Ausbildung scheiterte, finanziert mit seinem Geld drei Missionsschulen in Ostafrika und eine Missionsstation. Als das Missionswerk die Station nach ihm benennen will, besteht er darauf, dass sie stattdessen den Namen seines Heimatortes Milow erhält, der tatsächlich in Karten Tansanias bis heute verzeichnet ist (das «w» ist jedoch abhandengekommen).

Er wollte nicht geadelt werden

Einer anderen Missionsstation spendet er eine Kirchenglocke, auf der Jesu Einladung zum Abendmahl zu lesen ist: «Kommt, denn es ist alles bereit.» Im übersetzten Dankesbrief aus Ostafrika heißt es dann im «Fabrikboten»: «Kommt zum Essen, welches Gott gekocht hat.»

Parteipolitisch hält sich Bolle zurück. Er kritisiert freilich, wie damals viele Arbeiter ausgenutzt werden. Als er ein Ferienheim auf Borkum bauen will und man ihm bedeutet, ein solches Arbeiterkinderheim werde die angrenzenden Grundstücke entwerten, widerspricht Bolle: Solche Äußerungen lieferten nur der damals rein atheistischen Sozialdemokratie neue Munition. Als Kaiser Wilhelm II. Bolle adeln will, lehnt er ab: «Majestät, würden Sie ‹von Bolle› heißen wollen?»

Hätte es mehr solcher Unternehmer gegeben …

Bolle stirbt 1910. Auf seinem Antlitz liegt ein Lächeln. Er hat sein ganzes Leben als eine Vorbereitung auf die Ewigkeit verstanden. Einer seiner Enkel schreibt über die Tage nach seinem Heimgang: «Ein Mitarbeiter sagte es dem andern: Nun ist Vater tot.»

Hätten sich viele Unternehmer der damaligen Zeit so verhalten wie der Pietist Bolle, wäre dem 20. Jahrhundert mit seinem Millionen Opfer bringenden Klassenkampf vieles erspart geblieben. Das Beispiel Bolle lehrt: Das Waisenkind Bolle wollte unbedingt Missionar werden. Aber Gott wollte offensichtlich, dass er mit nur sechs (!) Schuljahren einer der vorbildlichsten christlichen Unternehmer im 19. und Anfang des 20. Jahrhunderts wird, der dank seines Vermögens darüber hinaus zu einem besonderen Missionar in Berlin und Afrika wurde.

Carl Bolle

PS: Eine Tragik seines Lebens war, dass er nicht in Frieden mit allen seinen sechs Kindern lebte, so dass sein Unternehmen nicht auf Dauer weitergeführt wurde. 1917 wurde es verkauft. Supermärkte unter dem Namen «Bolle» gab es freilich noch bis 1995. Auf dem Gelände seiner Meierei in Alt-Moabit befindet sich heute das Bundesinnenministerium.

Zur Erklärung der ärztlichen Fehldiagnose bei meinem Papa (Seite 14 und 34): Mein Vater ist 1915 geboren, hatte als zweijähriger Junge eine Hüftgelenksverletzung. Sie wurde aber in den Wirren des Krieges nicht erkannt. Da er sehr dünn war, meinte der völlig überforderte einzige Arzt für rund 100.000 Bürger, mein Vater litte unter der sogenannten «Englischen Krankheit» (Diagnose schwerster Mangelernährung). Als mein Vater schließlich in Lebensgefahr geriet, wurde er auf einem von Pferden gezogenen Planwagen ins 45 Kilometer entfernte Hannover gefahren. Dort wurde sein rechtes Bein im Annastift zwei Jahre in Gips gelegt. Das rechte wuchs in der Zeit um 12 cm. Operationen oder Hilfsmittel gab es nicht. Mein Vater wurde zum Krüppel, bekam ausgerechnet unter Hitler als 20-Jähriger erstmals orthopädische Schuhe. – Trotzdem erhielt er bis zum Ende keine staatliche oder kirchliche Unterstützung, geschweige denn eine Rente. Was ihn für mich zum großen Vorbild werden ließ, ist vor allem gewesen: Er hat *nie* geklagt, war immer dankbar! Für mich unfassbar!!!

4.
Erweckung:
Ich bin dann im Himmel

GOTT KANN ERWECKUNG SCHAFFEN. Als Journalist bei der Evangelischen Nachrichtenagentur idea schreibt man natürlich lieber über geistliche Erneuerungsbewegungen als über geistlichen Niedergang. Über größere Erweckungen in Deutschland gab es in den letzten Jahrzehnten leider kaum etwas zu berichten. Freilich wurden eine ganze Reihe Bürger Christen bei missionarischen Veranstaltungen, über die Alpha-Glaubenskurse, Zeltmissionen, bei der Internationalen Vereinigung Christlicher Geschäftsleute und Führungskräfte (IVCG), Christen in der Wirtschaft oder Christen im Beruf usw. – vor allem aber durch die Großevangelisation proChrist mit Ulrich Parzany und seinen Nachfolgern. Aber eine flächendeckende Erweckung blieb bislang aus. Nichtsdestotrotz wollte ich gern selbst einmal eine, wenn auch noch so kleine Erweckung erleben. Und auf folgende Weise geschah es:

Alles begann mit einem Anruf bei idea mitten in den idea-Betriebsferien im Juli 2013: Ein todkranker 24-Jähriger ist im Krankenhaus Christ geworden. Nun möchte er, dass bekannt wird: Man kann als Christ getrost sterben.

Eine junge Ärztin bittet mich im Auftrag des Patienten, schnell nach Halle an der Saale zu kommen und darüber zu berichten. Also, auf nach Sachsen-Anhalt! Angesichts dieser Dramatik hatte Urlaub für mich keine Bedeutung mehr!

Universitätsklinikum Halle an der Saale am 22. Juli 2013: Draußen sind 28 Grad. Es herrscht eine fröhliche und ausgelassene Stimmung in der mit rund 230.000 Einwohnern größten Stadt in Sachsen-Anhalt, dem Mutterland der Reformation. Hier ist Martin Luther 1483 geboren und 1546 gestorben, und in dieser Region liegt sein Hauptwirkungsort Wittenberg.

In Halle an der Saale schuf einer der bedeutendsten Männer der großen kirchlichen Erneuerung im 17. bzw. 18. Jahrhundert, des Pietismus, nämlich August Hermann Francke (1663–1727), eine Schulstadt und Waisenhäuser. Er schrieb Kirchen-, Missions- und Bildungsgeschichte. Davon zeugen bis heute die großen Franckeschen Stiftungen mitten in der Stadt. Halle an der Saale wurde zur wichtigsten Stadt des Pietismus.

Nach 56 Jahren brauner und roter sozialistischer Diktatur (von 1933 bis 1989) ist freilich vom Pietismus und von kirchlicher Größe wenig übrig geblieben. Halle ist eine der atheistischsten Städte Deutschlands. Nicht einmal zehn Prozent zählen sich überhaupt zu irgendeiner Kirche. Und doch schreibt Gott auch in dieser Stadt seine Geschichte weiter und lässt Menschen auf völlig ungewöhnliche Weise Christen werden.

Paul ist himmelswach

Am Ende der Krebsstation der Uniklinik liegt im letzten Zimmer Paul Beßler. Er ist 24 Jahre alt und möchte sterben, weil er sterben kann. Denn er freut sich auf den Himmel, wo kein Leid mehr ist, keine Tränen, keine Schmerzen. Das Wort *Krebs* hat hier seinen Schrecken verloren. Paul Beßler ist nicht lebensmüde, sondern himmelswach. Und das ist ganz ungewöhnlich für einen jungen, hoffnungsvollen Spitzensportler wie ihn, der einmal blendend aussah.

Weltmeister im Drachenbootfahren

Wie kam es dazu? Paul und seine ältere Schwester Jenny wachsen nahe Halle in einer Familie auf, die freundlich, gebildet und strebsam ist. Ihr Vater war Offizier der Nationalen Volksarmee und bis zur Friedlichen Revolution Ende 1989 Zugführer in der Kraftfahrzeuginstandsetzungskompanie. Von 1990 bis 1992 wurde er von der gesamtdeutschen Bundeswehr übernommen.

Inzwischen ist er Verkaufsleiter in einem renommierten Unternehmen der Baubranche. Er war als damals überzeugter Kommunist Mitglied der SED. Wie seine Frau Renate gehörte er der (kommunistischen) Freien Deutschen Jugend (FDJ) an. Beide nahmen mit 14 an der atheistischen Jugendweihe teil, die das SED-Regime in den 50er Jahren als Alternative zur (evangelischen) Konfirmation bzw. zur (katholischen) Firmung geschaffen hatte.

Frank und Renate Beßler waren zunächst entsetzt über das jähe Ende der DDR. Sie kannten den Westen nicht und durften und konnten auch keine Westfernsehprogramme sehen.

Als Frank Beßler von der Bundeswehr übernommen wurde und den Westen ausgiebig kennen lernen konnte, war er überrascht: «Was ich sah, nahm mir sofort die Angst vor dem angeblich schlimmen Westen. Er war eben nicht so, wie wir ihn im

DDR-Fernsehen präsentiert bekamen. Es gab keinen reaktionären Kapitalismus und keinen Hass auf den Kommunismus. Ich habe, als ich in den 90er Jahren in Hamburg und Hannover gearbeitet habe, auch nicht *einen* Besserwessi erlebt. Vielleicht bin ich ja eine Ausnahme gewesen. Aber man hat mich immer mit offenen Armen empfangen.»

Seine Frau ist gelernte Kindergärtnerin und leitet eine Einrichtung in Halle. Ihre Eltern sind zwar getauft worden, aber keine Christen. Ihr Vater war Chemieprofessor, die Mutter Fachberaterin für Geografie. Beide waren SED-Mitglieder. Sie leben mit Tochter Renate und Schwiegersohn Frank in einem Haus in Döllnitz bei Halle an der Saale. Mit Gott und Kirche wollen sie alle nichts zu tun haben.

Paul ist ein Wunschkind

Der 1989 geborene Paul ist ein Wunschkind von Frank und Renate Beßler. Sein Lieblingselement ist das Wasser. Von daher engagiert er sich intensiv im Halleschen Kanu-Club 54 e. V. Mindestens dreimal in der Woche trainiert er. Bei den Weltmeisterschaften im Drachenbootfahren 2005 in Schwerin erlangt er mit den «Kanu Tigers» zwei Goldmedaillen und eine Silbermedaille; 2007 kehrt sein Team von den Weltmeisterschaften in Frankreich mit sechs Titeln als erfolgreichste Mannschaft nach Halle zurück.

Nach dem Abitur 2010 zieht es Paul hinaus in die Ferne – nach Australien. Er möchte sich mal ganz allein ausprobieren und arbeitet zunächst auf einer Rinder- und später auf einer Schafsfarm.

Nach seiner Rückkehr fängt der auch technisch interessierte Paul an, Mechatronik (eine Kombination aus Maschinenbau, Elektronik und Informatik) an der thüringischen Universität Ilmenau zu studieren. Eigentlich wollte er zunächst zur Bundeswehr, aber das zerschlug sich. Ein Kommilitone von ihm – Jonatan Zeidler, der zur Hochschulgruppe der Studentenmission in Deutschland (SMD) gehört – spricht ihn als Einziger in seinem bisherigen Leben auf den christlichen Glauben an. In seinen Notizen steht: «Paul war fest von seiner atheistischen Weltanschauung überzeugt, die er von seiner Familie mitbekommen hatte, aber er war auch offen und interessiert an dem, was ich glaube.» Einmal sei er zu einem Abend der SMD-Gruppe in Ilmenau gekommen. Doch der Vortrag über Jesus als Hoherpriester sei ihm zu trocken gewesen.

Paul ist jung, erfolgreich und hat eine glückliche Familie im Hintergrund. Welchen Mehrwert sollte da Gott bringen?

Die Schädelplatte wird entfernt

Im Juli 2012 wird er an einem Wochenende in Ilmenau plötzlich zweimal hintereinander bewusstlos und erleidet Krampfanfälle. Im Krankenhaus stellt man einen Gehirntumor fest. Schon bald wird Paul operiert. Für die Bestrahlungen und die Chemotherapien kommt er in seine Heimatstadt Halle. Bald hat er Wundheilungsstörungen. Er muss erneut am Kopf operiert werden. Wieder wird die Schädelplatte entfernt. Zwischenzeitlich nimmt er an einer Reha in Kreischa südlich von Dresden teil. Danach geht die Behandlung weiter.

«Sie haben noch drei Tage zu leben»

Im November hat er plötzlich starke Schmerzen im Rücken. Er kann sein linkes Bein nicht mehr richtig bewegen, hat Taubheitsgefühle und bewegt sich nur noch an Krücken fort. Eine Neurologin aus Halle überweist ihn in die Notaufnahme des Universitätsklinikums.

Er muss sofort operiert werden. Überall finden sich Metastasen. Er wird mehrfach operiert. Es gibt Komplikationen.

Im Januar erfährt Paul von den Neurochirurgen, dass er vermutlich nicht mehr als drei Tage zu leben habe. Sein Vater (49) und seine Mutter (46) – die sich ständig rührend um ihn kümmern – sind total verzweifelt. Paul klagt: «Ich bin noch zu jung, um schon zu sterben!»

Eine kleine Chance

31. Januar 2013: Paul wird auf die onkologische Abteilung des Universitätsklinikums verlegt. Die Krebsexperten sehen aus ihrer langjährigen Erfahrung eine kleine Chance. Sie wollen noch eine Chemotherapie versuchen. Sie erfolgt am selben Tag.

Plötzlich ist wieder Hoffnung da. Paul wird von einem Team von Onkologen betreut, zu dem der Oberarzt Thomas Kegel und auch die junge Ärztin Ivonne Hasche gehören. Die 35-jährige Pietistin aus der Nähe von Bautzen strahlt – wie Paul sagt – einen tiefen inneren Frieden aus. Er fragt sie unverblümt, warum sie angesichts seines schweren Leidens so gelassen bleiben kann. Ivonne Hasche erzählt dem Verzweifelten von ihrem christlichen Glauben:

«Ich hab ihm gesagt, dass Gott der Einzige ist, der mich trägt. Er ist wirklich da. Wenn wir uns freuen, freut er sich mit. Und wenn wir traurig sind, dann ist er mit uns traurig. Er ist immer gegenwärtig. Ich hab Paul vom Gebet erzählt. Da rede ich mit Gott und erzähle ihm jeden Tag auch von meinem Leben, was mich beschäftigt. Ich hab auch gesagt, dass Gott heilen kann, wenn er das will, aber auch eine Krankheit zulassen kann. Und auch das hat für Gott immer einen guten Grund. Er macht das niemals, um uns zu schaden, sondern nur, um uns Gutes zu tun. Auch wenn wir das in dem Moment, wo wir leiden oder Schmerzen ertragen, manchmal nicht sehen.»

Wie geht beten? Was sagt man da?

Paul merkt auf. Er fragt und fragt, sie antwortet und antwortet. Dann ist es so weit:

«Wollen wir nicht einmal zusammen beten?»

Paul: «Wie soll das denn gehen? Was muss ich denn da sagen?»

Die Ärztin (inzwischen duzen sie sich): «Sag einfach, was du auf dem Herzen hast. So wie du mit einem Freund sprichst, kannst du auch mit Gott reden. Er ist da und hört dir zu.»

Paul dankt als Erstes Gott für den Tag, dafür, dass das Wetter schön ist und er auch mal im Rollstuhl rausfahren konnte. Und: «Gott, ich bitte dich, dass mein Spezialkatheder (Port) wieder geht …»

Die Ärztin: «Ich habe dann nur gedacht, hoffentlich wird der Port tatsächlich funktionieren. Vorsichtshalber sage ich zu Paul: ‹Aber weißt du, wir können Gott sagen, was wir uns gerne wünschen, aber es passiert nicht immer das, was wir uns wünschen. Gott weiß eben, was wir wirklich brauchen.› Am nächsten Morgen habe ich aber sofort nachgeschaut, ob der Port wieder in Ordnung ist. Und tatsächlich: Gott hat Pauls Gebet erhört. Die Medikamente flossen wieder durch.»

Was wünschst du dir von Gott?

Eines Tages fährt Ivonne Hasche Paul im Rollstuhl in den «Raum der Stille» des Uniklinikums. Dort sind sie ungestört.

«Was wünschst du dir eigentlich von Gott?»

Paul: «Ich möchte einmal das Gefühl haben, dass ich gehalten werde, dass ich geborgen sein kann.»

Beide beten miteinander. Im «Raum der Stille» steht ein Korb mit kleinen Karten, auf denen geistliche Worte stehen. Paul zieht eine heraus: «Du kannst nie tiefer fallen als nur in Gottes Hand!» (ein Vers aus einem Lied von Arno Pötzsch).

Nach mehreren Chemotherapien kann Paul an seinem Geburtstag am 23. März für einen Tag nach Hause – ein Festtag für ihn und seine Familie.

Paul kämpft jeden Tag weiter

Paul kämpft jeden Tag weiter. Nicht nur Ärzte, auch Schwestern bemühen sich über die Maßen um ihn. Mit seiner ruhigen und liebevollen Art hat Paul ihre Herzen erobert. Wenn trotz der Chemotherapie die Tumore wieder gewachsen sind und Paul große Angst hat, betet er mit «seiner» Ärztin zusammen.

Eines Tages fragt sie ihn: «Paul, möchtest du nicht dein Leben Jesus Christus anvertrauen?»

Berührt von der Frage sagt Paul: «Ja, ich will.»

Ivonne Hasche: «Ich habe in meiner Tasche immer den Text für ein Lebensübergabegebet, das ich mal in der Frauenzeitschrift ‹Lydia› las. Das habe ich mit einigen Patienten schon gebetet. Ich habe es Paul vorgelesen, und er hat es nachgesprochen: ‹Herr Jesus Christus, ich brauche dich und will mit dir leben. Danke, dass du am Kreuz für meine Sünden gestorben bist. Ich übergebe dir mein Leben und nehme dich als meinen Herrn und Erlöser an. Übernimm die Herrschaft in meinem Leben. Gestalte mich so, wie du mich haben willst. Amen.› Paul ist nach diesem Gebet spürbar erleichtert. Ich sage zu ihm: ‹Jetzt ist im Himmel ein richtig großes Fest. Jetzt freuen die sich alle und tanzen oben und feiern, und du bist jetzt ein Kind Gottes.› Und da hat er gelacht und gesagt: ‹Wow, die feiern jetzt da oben. Da müssen wir eigentlich hier unten auch feiern.›»

Paul spürt, dass er tatsächlich von Gott gehalten wird. Aber er merkt auch, dass es jetzt dem Ende zugeht. Die Ärztin berichtet: «Ich hab Paul erzählt, wie schön es im Himmel sein wird. Dass er dort wirklich von Gott und Jesus mit offenen Armen empfangen wird, und auch Menschen, die er bisher gekannt hat und die an Christus geglaubt haben, die werden auch dort sein. Und im Himmel wird ein richtig großes Fest sein, wenn er ankommt. Und ich hab gemerkt, er hat angefangen, sich auf den Himmel zu freuen. Er war immer bereiter zu gehen. Und es gab dann auch Momente, wo er mich gefragt hat: ‹Ivonne, wann kommt Gott endlich, wann werde ich denn endlich gehen? Ich hab wirklich keine Kraft mehr.›»

Der erste Gottesdienst seines Lebens

7. Juli: Paul erlebt den ersten und einzigen Gottesdienst seines Lebens. Die Ärztin nimmt ihn mit zum Kloster Petersberg bei Halle, wo die evangelische Communität Christusbruderschaft (die Zentrale befindet sich in Selbitz/Franken) Gottesdienste, Seelsorge und Gemeinschaft anbietet. Es ist auch die geistliche Heimat der Ärztin. In der Predigt geht es um die Taufe. Nun will sich auch Paul taufen lassen. Ein Termin soll später festgelegt werden, wenn es ihm besser geht.

Taufe auf der Intensivstation

18. Juli: Pauls Zustand verschlechtert sich in der Nacht dramatisch. Der Vater erinnert die Ärztin an den Taufwunsch seines Sohnes. Sie ruft den Prior des Klosters, Bruder Johannes Wohlgemuth, an: «Kannst du bitte schnell auf die Intensivstation kommen? Ein Patient möchte sich taufen lassen!»

Bruder Johannes kommt und erklärt Paul, worum es bei der Taufe geht. Dann tauft er den Todkranken inmitten von Apparaturen, dem Ticken und Piepsen der Geräte mit Wasser aus einer Nierenschale. Nur eine kleine Kerze sorgt für eine «heilige» Atmosphäre.

Paul wünscht sich als Taufspruch einen Bibelvers, in dem Erlösung vorkommt – sein neues Sehnsuchtswort. Bruder Johannes hat es ausgewählt: «Fürchte dich nicht, denn ich habe dich erlöst; ich habe dich bei deinem Namen gerufen; du bist mein!» (Jesaja 43,1).

Seine Eltern sind tief berührt. Im ganzen Uniklinikum geht es wie ein Lauffeuer umher: «Ein sterbenskranker junger Mann wurde bei uns getauft!» Paul stellt seine Taufurkunde auf den Nachtschrank, damit er sie stets vor Augen hat. Er schaut sie immer wieder an und ist dann glücklich.

Der Höhepunkt seines Lebens

Die Taufe ist für Paul der Höhepunkt seines Lebens. Er erfährt nun ein so großes Gefühl von Frieden und Geborgenheit, dass er vielen bekannt machen möchte: «Gott hilft in schwierigsten Situationen, und man kann im Glauben an Jesus Christus getröstet sterben.» Er nutzt jede Gelegenheit, um dies weiterzusagen.

Atheisten lesen die Bibel

Pauls Bekehrung verändert auch das Leben seiner Angehörigen. Sie hatten bisher keine Berührung mit dem christlichen Glauben. Pauls Mutter sagt:

«Wir dachten, wir geben Paul Kraft, aber jetzt gibt er sie uns.»

Pauls Wende hat auch ganz konkrete Konsequenzen. Die Mutter: «Jetzt sitzen wir – mein Mann, die Großeltern Pauls und ich – abends auf der Terrasse und lernen das von ihm so geliebte Vaterunser auswendig.»

Pauls Eltern sind jeden Tag in der Klinik. Vater oder Mutter lesen ihm auf seinen Wunsch hin abwechselnd aus der Bibel vor. Zuvor hatten sie das Buch nie in der Hand gehabt.

«Ich war auch enttäuscht von Gott»

Juli: Jonatan Zeidler und die anderen Studenten in der SMD-Gruppe beten immer wieder für ihn, besuchen ihn und rufen ihn an. Zeidler:

«Mich traf der Schock, als Paul mir in einer SMS mitteilte, dass er bald sterben würde. Direkt danach stand, dass er sich für das Evangelium entschieden habe. Meine Gefühle drehten sich in mir wie ein Wirbelsturm. Ich wollte nicht akzeptieren, dass Paul sterben würde, aber ich war zugleich tief berührt davon, dass er Jesus gefunden hat. Ich war aber auch irgendwie enttäuscht von Gott, dass er ihn offensichtlich nicht vor dem Tod bewahren wollte. Paul wünschte, dass ich ihn noch einmal besuche. Als ich in der Uniklinik ankam, war ich erschüttert von seinem Zustand. Aber er strahlte dennoch einen unglaublichen Frieden aus, und ich wusste, dass der nur von Gott kommen konnte. Ich wollte ihm irgendetwas sagen, aber ich wusste nicht, was. Er selbst konnte nur schwer sprechen. Ich las ihm auf seinen Wunsch hin aus der Bibel vor, einfach da, wo er aufgehört hatte. Es war das Gleichnis vom verlorenen Sohn (Lukasevangelium 15,11 ff). Als ich zu Ende war, sagte er nur: ‹Das stimmt.› Er betete für mich und segnete mich, obwohl ich das Gefühl hatte, für ihn beten zu müssen. Ich weiß, dass Gottes Wege gut sind, auch wenn ich sie nicht verstehe. Und ich werde Paul in der Ewigkeit wiedersehen. Darauf freue ich mich.»

«Ich feiere oben, ihr feiert unten»

Am 23. Juli besuche ich Paul in der Uniklinik. Sein Anblick erschreckt mich: Sein Kopf ist aufgedunsen. Er hängt an mehreren

«Flaschen». Man sieht: Paul ist todkrank. Mir kommen (leider) die Tränen. Obwohl ich mich völlig unpassend verhalte, strahlt mich Paul an:

«Sie brauchen nicht zu weinen. Ich komme doch in den Himmel. Das ist doch nichts Trauriges.»

Daraufhin schießen mir erst recht Tränen aus den Augen. Er aber erzählt mit Freude davon, dass er jetzt auch Christ geworden ist.

24. Juli: Paul kommt zum Sterben nach Hause. Trotzdem lädt er täglich noch Freunde zu sich ein. Er bittet sie, ihm aus der Bibel vorzulesen, auch wenn er schlafe. Viele seiner nichtchristlichen Sportkameraden schauen nun erstmals in das für sie fremde Buch. Und dann betet er mit ihnen – und für sie! Etwas, was wohl fast alle ebenso zum ersten Mal erleben. Paul möchte, dass sie zu seiner Beerdigung kommen – unter einer Bedingung:

«Erscheint nicht in Schwarz, sondern in Bunt. Denn ich bin ja dann im Himmel, wo es mir gut geht.»

Paul weiter: «Ich bin jetzt ein Kind Gottes. Jetzt will ich mit meinem Vater im Himmel zusammen sein. Ich feiere oben, ihr feiert unten.» Als selbst «seiner» vertrauten Ärztin Tränen über das Gesicht laufen, sagt Paul zu ihr: «Warum weinst du? Ich gehe doch zu Gott!» Und dann betet der frisch bekehrte junge Christ:

«Lieber Gott, ich bitte dich jetzt, wenn Ivonne nach Hause muss, dass du ihr ganz viele Engel sendest, damit ihr nichts passiert, damit sie nicht eher im Himmel ist als ich, denn ich will sie dort mit offenen Armen empfangen.»

Als seine Mutter ebenso weinen muss, nimmt Paul ihre Hand: «Sei nicht traurig, ich bin weiter tief in deinem Herzen, auch wenn ich bei Gott bin.»

29. Juli: Paul geht es zunehmend schlechter. Er hält sich am Bettgitter fest und ruft: «Los. Ich will endlich los. Ich will endlich zu Gott gehen.» Seine Eltern halten ihn beide fest und sind völlig verzweifelt.

30. Juli, abends: Gemeinsam feiern Bruder Johannes vom Kloster Petersberg, Paul, seine Eltern und die Ärztin das Heilige Abendmahl.

Das Kreuz auf der Stirn

31. Juli, nachmittags: Paul atmet schwerer, sein Zustand wird immer kritischer. Eine Palliativärztin ist vor Ort, gibt ihm Medikamente zur Linderung der Schmerzen. Am Abend kommt «seine» Ärztin – Ivonne Hasche – hinzu. Auf sie hat Paul gewartet. Vorher will er offensichtlich nicht «gehen».

Gemeinsam mit den Eltern betet sie aus dem Evangelischen Kirchengesangbuch das Abschiedsgebet für Sterbende:

«Herr, unser Gott, du hast Leben und Tod in deinen Händen. Um deines Sohnes Jesu Christi willen erbarme dich unseres lieben Pauls. Du kannst Sünde vergeben, Qual verkürzen und aus dem Tod erlösen. Wir bitten dich für unseren lieben Paul, nimm ihn auf in die ewige Freude.»

Danach spricht Ivonne Hasche ihm Gottes Segen zu und zeichnet ein Kreuz auf seine Stirn. Nach dem Segen wird Paul plötzlich ganz ruhig. Seine Atmung wird immer langsamer. Seine Eltern halten seine Hände, die Ärztin den Kopf.

Nach kurzer Zeit legt er ihn zur Seite.

Eine letzte Träne kullert aus dem Auge.

Er ist heimgegangen.

Ergriffen von der erlebten Situation äußert die anwesende Palliativärztin: «Ich habe schon viele Menschen sterben sehen, aber einen so friedvollen Tod habe ich noch nie erlebt.»

Paul hatte Gott immer wieder darum gebeten, dass er nicht an Luftnot stirbt, also erstickt. Das Gebet wurde erhört.

31. Juli: Am Tage seines Todes wird Paul im Halleschen Kanu-Club 54 e. V. vom Präsidenten, Prof. H.-J. Kertscher, die Ehrenmitgliedschaft verliehen. Angesichts seiner zahlreichen sportlichen Erfolge und seines motivierenden Charakters gehöre Paul Beßler «zu den ganz Großen seines Jahrgangs». Deshalb habe man ihn einst auch in den Vorstand berufen.

4. August: Gottesdienst der Communität Christusbruderschaft im evangelischen Kloster auf dem Petersberg. Erstmals in ihrem Leben beten die Eltern, Pauls Schwester und die Großeltern das Apostolische Glaubensbekenntnis – lesend aus dem Gesangbuch – mit.

17. August 2013: Paul wird auf dem Friedhof in Döllnitz südlich von Halle von Bruder Johannes bestattet. Pauls Mutter berichtet, er habe ihr genau gesagt, wie er im Sarg angezogen sein und was er mitnehmen wolle: seine beiden Holzkreuze, die Goldmedaille und die Bibel. Bei der Bibel habe sie gesagt:

«Sie verbindet uns beide. Wir haben dir als Nichtchristen aus der Bibel vorgelesen. Jetzt haben wir erfahren, dass der Glaube Berge versetzt. Wir möchten sie behalten.»

Paul ist damit einverstanden.

Die Ewigkeit ist nahe gekommen

Paul hat in den letzten Wochen seines Lebens eine SMS vor allem an seine vielen Sportkameraden geschrieben:

«Hallo, Freunde … ich möchte mich von jedem von euch verabschieden. Es ist auch mein Wunsch, dass ihr dann zu meiner Beerdigung kommt!»

Und sie kommen tatsächlich. Keiner trägt Schwarz – weil Paul es so gewünscht hat. Eine Kanutin berichtet während der Feier:

«Ich habe die Nacht vor meinem Treffen mit Paul nicht schlafen können, weil ich nicht wusste, wie ich ihn trösten sollte. Dann aber hat er *mich* getröstet.»

Ein Kanute, Pauls enger Freund Robin Preußler: «Er war im Sterben für uns wie eine Leuchte.»

Ein anderer: «Wenn ich eine solch glaubwürdige Ärztin wie Paul erleben würde, würde ich auch Christ.»

In seiner Ansprache sagt Bruder Johannes von der Christusbruderschaft: «Dass Paul nicht verzweifelte, war die größte Tat Gottes in seinem Leben. Der Frieden, der ihm geschenkt wurde, floss zu seinen Eltern hinüber. Mir ist in Paul die Ewigkeit nahe gekommen.»

«Paul lebt für immer»

Und zum Schluss macht Bruder Johannes den vielen Trauergästen – zu über 95 Prozent Atheisten – Mut:

«Der Himmel ist auch für euch offen! Paul freut sich auf euch. Wer an Jesus Christus glaubt, bekommt ewiges Leben.

Den Glauben kann man erproben. Die Bibel kann man testen. Fragt die Christen, die bei dieser Feier anwesend sind.»

Am Ende der Feier singt ein Freund aus dem Kanu-Club eine selbst gedichtete Lobeshymne mit vielen Strophen auf den tollen Paul, aber der Refrain endet stets mit den Worten: «Paul lebt für immer!» Meine Frau und ich fragen ihn, ob er das wirklich glaube. Sofort antwortet er: «Ja! Ich bin Christ, und Paul hat mich in meinem Glauben bestärkt.»

Anfang September: Pauls Zeugnis hat einige Ärzte, Schwestern und Pfleger derart beeindruckt, dass sie beschließen, sich donnerstags in der Klinik zu treffen, um für Patienten bzw. die Mitarbeiter zu beten.

Warum musste ausgerechnet Paul sterben?

8. September: Freunde, Verwandte und Menschen, die durch Pauls Sterben am christlichen Glauben interessiert sind, treffen sich im Kloster Petersberg. Seine engsten Sportsfreunde Robin, Florian und Stefan rühmen seinen Humor, seinen Ehrgeiz und seine nicht enden wollende Hilfsbereitschaft. Dabei berichten die Eltern eines schwerkranken Mädchens, was sie mit Paul auf der onkologischen Station erlebt haben. Die Mutter:

«Man hatte unserer Tochter eine Niere entnommen, und sie hat jetzt 27 Chemotherapien hinter sich.»

Der Vater: «Pauls Umgang mit dem Tod hat uns sehr beeindruckt. Wir haben auf der Krebsstation zum ersten Mal in unserem Leben wirklich Leid kennen gelernt. Paul hat uns deutlich gemacht, jeden Tag bewusst zu leben, zu genießen. Nicht schon den nächsten Tag oder die ganze Woche im Auge zu haben. Ich frage mich aber: Warum muss Gott ausgerechnet so gute Menschen wie den Paul sterben lassen?»

Darauf meinte Bruder Johannes: «Diese Frage muss jetzt noch warten. Aber eine Antwort zeichnet sich doch jetzt schon ab. Viele von Ihnen sehen jetzt, was wirklich wichtig ist im Leben. Und wir haben gerade gehört von der großen Wirkung, die Paul durch einen Artikel in ideaSpektrum hat.»

Der Vater des Kindes: «Ja, Pauls Umgang mit dem Tod hat unser Leben verändert. Ich war bisher ein schlimmer Choleriker. Jetzt beginne ich, das in den Griff zu bekommen.»

Seine Frau: «Wir waren verzweifelt, im Krankenhaus am Boden zerstört vom Leid unserer Tochter. Und dann kam Paul.»

Und so geht es weiter

23. September: Christen, die davon bewegt sind, wie Paul Christ wurde, wollen, dass in ihrer Stadt – Halle an der Saale – auch andere Christen werden. Sie treffen sich, um eine Gruppe der Internationalen Vereinigung Christlicher Geschäftsleute (IVCG) ins Leben zu rufen. Dabei werden sie beraten vom IVCG-Präsidenten Manfred Schaller.

Oktober: Eine Sendung in «Bibel TV» über Paul wird mehrfach wiederholt.

23. März 2014: Pauls Geburtstag. Ein großes Glaubensfest findet im Kloster Petersberg statt. Viele Freunde kommen und berichten, wie sie durch den Glauben von Paul berührt worden sind.

23. Juni 2014: Die Eltern von Paul – Frank und Renate Beßler – lassen sich im Kloster Petersberg von Prior Johannes taufen.

Sommer 2014: Das meistgesehene Dritte Fernsehprogramm – der Mitteldeutsche Rundfunk (MDR) – zeigt eine zehnminütige Sendung über Paul, in der seine Eltern und «seine» Ärztin Ivonne Hasche darüber berichten, wie er auf dem Sterbebett Christ wurde.

Oktober 2014: Der Fernsehmoderator Peter Hahne ist vom Zeugnis Paul Beßlers so bewegt, dass er den ersten Vortragsabend der neuen IVCG-Gruppe in Halle an der Saale hält. Pauls Vater hat viele Geschäftskollegen eingeladen. Der große Freylinghausen-Saal in den Franckeschen Stiftungen ist überfüllt.

Wenn ich nicht Christin wäre …

Februar 2015: Die Eltern von Paul und seine Ärztin – Ivonne Hasche – berichten vor den über 3.000 Besuchern des Kongresses Christlicher Führungskräfte in Hamburg, dass Paul sie auf dem Sterbebett getröstet habe: «Weint nicht, ich werde euch im Himmel empfangen.»

Hasche: «Kein Christ braucht vor dem Tod Angst zu haben. Das habe ich oft erlebt. Wäre ich nicht Christin, könnte ich nicht Ärztin sein.»

Die Eltern Frank und Renate Beßler: «Wir haben uns danach gesehnt, so etwas mit Gott zu erleben wie unser Sohn. Wir hatten vorher nicht an Gott geglaubt. Nun wollten wir auch Christen werden. Auch andere sind durch das Zeugnis unseres Sohnes so berührt gewesen, dass sie ihr Leben änderten.»

1. Juli 2017: Die Schwester von Paul, Jenny, lässt sich in Hagsfeld bei Karlsruhe (wo sie mit ihrem Ehemann wohnt) taufen.

2014 bis 2019: Ivonne Hasche, Frank und Renate Beßler werden von Schulen, IVCG- wie auch anderen Gruppen und selbst vom Benediktinerkloster Maria Laach (bei Koblenz) usw. eingeladen, um über Sterben und Tod von Paul zu berichten. Renate Beßler macht eine Zusatzausbildung als Trauerbegleiterin. Sie ist jetzt freiberuflich tätig und begleitet Familien, in denen ein Kind gestorben ist. Auch führt sie vielbesuchte Seminare für Pädagogen, Pflegekräfte und Menschen durch, die sich in Lebenskrisen befinden.

Dass sie dabei berichten kann, wie ihr eigener Sohn starb, macht alles natürlich sehr glaubwürdig. So hat sie viele Chancen, auch von ihrem christlichen Glauben zu erzählen. Frank und Renate Beßler leiten die IVCG in Halle und sorgen über Vortragsabende dafür, dass Christen in verantwortlichen Positionen in Stadt und Region mit der christlichen Botschaft erreicht werden. Frank ist inzwischen Vorstand des Freundeskreises für den Erhalt der Stiftskirche Petersberg und bemüht sich vor allem um

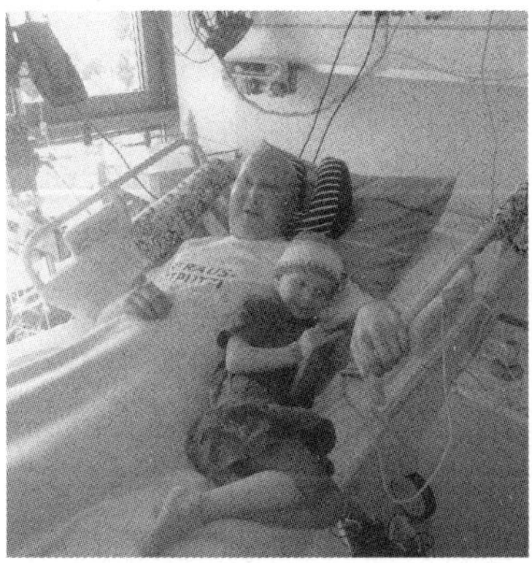

Paul Beßler tröstete im Krankenhaus die ebenfalls krebskranke Annastasia und deren Eltern. Das Mädchen ist inzwischen geheilt und 9 Jahre alt.

Spenden, damit das große, im 12. Jahrhundert gegründete einstige Augustiner-Chorherrenstift weiter restauriert werden kann.

Die geistliche Heimat des Ehepaars ist – wie könnte es nach allem, was sie erlebt haben, anders sein – das Kloster Petersberg. Ihre Tochter gehört inzwischen zum Vorstand des CVJM in Hagsfeld bei Karlsruhe und führt in ihrer Kirchengemeinde Alpha-Glaubenskurse durch.

Über eine Million Menschen haben von Paul erfahren

Ein Artikel im evangelischen Wochenmagazin ideaSpektrum über Paul wurde in fast allen evangelischen Kirchenzeitungen in Deutschland nachgedruckt. Nimmt man die Fernsehsendungen und die mehrfachen Internetauftritte dazu, haben mindestens eine Million Menschen vom Leben und Sterben Paul Beßlers erfahren. Aber was noch viel wichtiger ist – sie hörten, sahen oder lasen, was christlicher Glaube bedeutet: Er trägt sogar in der Stunde, vor der fast alle Menschen Angst haben.

Der Stunde des Todes.

Der Tod des 24-jährigen Paul berührt bis heute Atheisten wie Christen, wie das riesige Echo bezeugt. Und das alles, weil eine junge Ärztin den Mut hatte, einen Patienten auf Gott anzusprechen und ihn bis zum Ende seines irdischen Lebens ebenso wie die Eltern auch in ihrer Freizeit zu begleiten. Durch ihr Bekenntnis sind bereits Dutzende in der (staatlichen!) Universitätsklinik von Halle an der Saale Christen geworden. Seit Anfang Juli 2019 ist Ivonne Hasche praktische Ärztin in ihrer Heimat in Hochkirch bei Bautzen (östlich von Dresden).

5.
Mein Lehrer:
Was er mit seinen Honoraren bewirkte

DER MENSCH SIEHT, WAS VOR AUGEN IST. In wohl kaum einem anderen Beruf soll es so viele Atheisten geben wie im Journalismus. Das hängt auch damit zusammen, dass jahrzehntelang christliche Eltern ihren Kindern abrieten, einen Beruf zu ergreifen, bei dem es vermeintlich schwer sei, ehrlich zu bleiben. Wer sich dann aber im Journalismus als Christ bekennt, wird manchmal gar zum Bestsellerautor wie zuletzt Peter Hahne, Daniel Böcking, Ralf Schuler (alle Berlin) oder Markus Spieker (Leipzig). Doch sie sind leider noch Ausnahmen. Weithin werden in vielen Medien entschiedene Christen als fundamentalistisch, ewiggestrig oder heuchlerisch beurteilt. Ein Beispiel dafür ist einer meiner theologischen Lehrer, Helmut Thielicke (1908–1986), dessen kleiner studentischer Mitarbeiter ich während meines Studiums in Hamburg sein durfte.

«War ich so langweilig, dass Sie deshalb in meiner Vorlesung eingeschlafen sind?»

Entsetzt blickte ich auf.

Der groß gewachsene, berühmte Theologieprofessor Helmut Thielicke stand fragend vor mir. Wie furchtbar peinlich!

So begann eine ungewöhnliche Geschichte mit einem ungewöhnlichen Theologen, der am Schluss seiner Zeit als Lehrer von meist neidischen Kollegen und Medien oft diffamiert wurde.

Jüngere Leserinnen und Leser werden fragen: «Thielicke, wer war das denn noch mal?»

Bevor ich also schreibe, wie sich meine Müdigkeit während der Vorlesung auswirkte, hier ein Blick auf das Wirken dieses für mich genialen Lehrers von Gott.

Helmut Thielicke gehörte zusammen mit Karl Barth (1886–1968) und Dietrich Bonhoeffer (1906–1945) zu den bedeutendsten Theologen des 20. Jahrhunderts. Von keinem anderen Theologieprofessor wurden in den 50er bis 80er Jahren so viele Bücher gelesen.

1908 in Barmen (Wuppertal) geboren, rechneten weder seine Ärzte noch er selbst damit, dass er einmal 77 Jahre alt werden würde, zog er sich doch nach einer missglückten Schilddrüsenoperation Wundstarrkrampf zu. Seine Prüfungen legte er im Rollstuhl ab. Erst mit 25 bekam er ein Heilmittel, auf das er aber zeitlebens angewiesen war.

«Leben angesichts des Todes», so lautete der treffende Titel des Buches, das zu seinem 60. Geburtstag 1968 herausgegeben wurde. Denn das Wissen, dass es stets vorbei sein könnte mit seinem irdischen Leben, bestimmte Thielicke ebenso wie die Erkenntnis:

«Ich muss mich einmal vor Gott verantworten.»

Im Dritten Reich gehörte er zu den führenden Köpfen der Bekennenden Kirche wie des Widerstandes überhaupt. 1940 wurde er deshalb als Theologieprofessor in Heidelberg amtsenthoben, erhielt zeitweise totales Rede-, Reise- und Schreibverbot. Anonym wurden seine «Gedanken des Christentums an die moderne Welt» in der Schweiz veröffentlicht.

Nach 1945 ein «Star» – nach 1968 diffamiert

Nach Kriegsende wurde er ein «Star» (so der Hamburger Bischof Hans-Otto Wölber zu seinem 75. Geburtstag). Ihm wurde 1946 angetragen, Bischof, 1948 Kultusminister, später deutscher Botschafter in Israel zu werden. Doch er blieb seiner Berufung als Professor treu und war bis weit in die 70er Jahre eine Leitfigur vieler Christen. Denn nur wenige andere Theologieprofessoren haben es bisher verstanden, das, was die Bibel aussagt, so genial und gleichzeitig christuszentriert für die heutige Welt auszulegen. Davon zeugen beispielsweise seine Bücher über das Vaterunser («Das Gebet, das die Welt umspannt»), die Gleichnisse Jesu («Das Bilderbuch Gottes»), «Warum ich glaube. Der Grund christlicher Gewissheit», aber auch seine mehrbändigen Lehrbücher der Dogmatik und Ethik, die auch heute noch wegweisend sind.

Seine «Theologische Ethik» trug ihm «weltweiten Ruhm» ein, so die Frankfurter Allgemeine Zeitung. 1983 erschien seine berührende Biografie «Zu Gast auf einem schönen Stern». Einige seiner Bücher wurden neu herausgegeben, sind also noch erhältlich.

Wenn er im Hamburger Michel predigte, hörten ihm Tausende zu. Seine Vorlesungen an der Hamburger Universität, an der er seit 1954 wirkte, waren bis Ende der 60er Jahre überfüllt. Seine zahllosen Vorträge sind mit Humor gewürzt gewesen. Als er einmal auf einer Tagung von Zahnärzten sprach, konnte er sich die Bemerkung nicht verkneifen: «Ihre Prothesen sind oft haltbarer als manche wissenschaftliche Hypothesen.» Er war «ein geistvoller Evangelist», titelte die Monatszeitschrift «Zeitzeichen» aus Anlass seines 100. Geburtstages 2008 (gestorben ist er bereits am 5. März 1986 in Hamburg).

Wer ist unser «Führer»?

Theologisch geprägt wurde Thielicke vor allem durch das Dritte Reich, das für ihn die Grenzen von Luthers Zwei-Reiche-Lehre deutlich machte. Viele Christen haben aus seiner Sicht deshalb dem Nationalsozialismus so wenig widerstanden, weil sie das Wirken des Staates strikt von dem der Kirchen unterschieden. Sie hätten in der Illusion gelebt, das Hitler-Regime könne ja gar nicht so schlimm sein, lasse es doch das christliche Glaubensbekenntnis unangetastet. Das führte auch bei einigen pietistischen Werken und Verbänden ebenso wie in vielen Landes- und Freikirchen dazu, dass sie dem Nationalsozialismus nicht widerstanden, sondern teilweise sogar huldigten.

Das Bekenntnis zu Christus hat – so Thielicke – eben auch politische Konsequenzen: «Wenn NS-Propagandaminister Joseph Goebbels im Sportpalast rief: ‹Wir folgen allein unserem geliebten Führer Adolf Hitler›, dann hätten Christen aufstehen und schreien müssen: ‹Unser Führer aber ist Jesus Christus›.»

Thielicke wurde später nicht von ungefähr ein Gegner der 68er-Studentenrebellion in Westdeutschland. In einem idea-Interview sagte er 1983 rückblickend: «Aus lauter Angst, Autorität zu sein, haben die Erwachsenen damals ihre Führungsaufgabe preisgegeben.»

Wir sollten uns dem Geschwätz verweigern!

In jenem Interview sagte er über die damalige Welle gruppendynamischer Experimente in der Kirche: «Ich bedaure sehr, dass die Kirche diese neue Seuche der Nabelbeschau, der egozentrischen Fixierung, weithin sogar so fördert, bei der es angeblich um Selbstverwirklichung gehen soll. So gab es (oder gibt es noch?) Predigerseminare, in denen man sich weniger um die Bibel sammelt als um seine eigenen psychischen Wehwehchen, die man in endlosem Getratsche zu bekakeln nicht müde wird. Da präsentiert man sich gegenseitig seine Minderwertigkeitsgefühle oder seine feministischen Komplexe, während das Evangelium als das Einzige, was helfen könnte, in ein großes Schweigen eingesargt wird. Wir sollen gerade in der Kirche jungen Leuten eine Aufgabe stellen, die sie in Atem hält – nicht nur Samariterdienste an Alten und Armen, das freilich auch! –, sondern beispielsweise die Aufgabe, selbst einmal einen Gottesdienst zu gestalten. Auf jeden Fall sollten wir uns dem Geschwätz verweigern. Im selbstvergessenen Handeln fällt dann genug Selbsterkenntnis ab. So hilft man den jungen Menschen, statt sie auf Fehlhalden zu führen.»

Die Jugend sehnt sich nach Autorität

Über die damals junge Generation äußerte Thielicke, was auch heute gelten würde: «Sie sehnt sich stärker denn je nach glaubwürdiger menschlicher Autorität. Der Unsinn der Liquidierung von Autorität in den vergangenen Jahren ist mittlerweile weithin durchschaut und überwunden. Es ist ein Fehler gewesen, dass zu viele Politiker und Wissenschaftler auf die Stimme der Gosse hörten. Die Jugend selbst ist hier weithin unschuldig. Sie wurde verführt, indem man sie gewähren ließ.»

Wie «die toteste Gemeinde» wieder aufblühte

Treffend beschrieb er die Aufgabe der evangelischen Kirche: «Sie liegt zunächst darin, einmal zu versuchen, wieder die Geborgenheit in einer Gemeinschaft – sprich: in der Gemeinde oder in Gruppen der Gemeinde – zu bieten. Das Evangelium wirkt ja nur selten direkt, sondern im Allgemeinen so, dass es Gemeinschaft bildet und dass diese im Wort gegründete Gemeinschaft das eigentlich Tragende und Prägende ist. Ich bin zu dieser Ansicht durch die Beobachtung gelangt, dass die Menschen, die in ganz weltlichen Umgebungen als christliche Bekenner auftreten, fast immer solche sind, die aus einer bestimmten Gemeinschaft stammen. Das können pietistische Gemeinschaften sein, das können der CVJM oder auch andere Gruppen sein. Gemeinschaft trägt den Menschen. Ich lebe hier in einem Vorort von Hamburg. Wenn das Wort ‹tot› gesteigert werden könnte, würde ich sagen, in diesem Vorort war die toteste Gemeinde. Jetzt aber blüht sie. Und warum? Weil es der Pastor verstanden hat, Gemeinschaft zu bilden.»

Was Kapitalismus und Marxismus verbindet

Auf die Frage nach dem Sinn des Lebens konnte Thielicke – damals wie heute ungewöhnlich – antworten:

«Der Sinn des Lebens ist nur in einer personhaften Gestalt zu finden: in Jesus Christus. Ich möchte das an einem Beispiel verdeutlichen: Sowohl der Kapitalismus als auch der Marxismus gehen davon aus, dass der Mensch durch seine persönliche Leistung oder durch die Gesellschaft, in der er lebt, bestimmt werde.

Was aber geschieht, wenn etwa der Manager pensioniert wird und keine Leistung mehr erbringen kann? In der Welt der Zwecke ist er dann ausrangiert. Dann kommt alles darauf an, mit etwas verbunden zu sein, das uns treu bleibt – ganz gleich, ob wir auf der Höhe unserer Leistungsfähigkeit stehen oder ob wir für keine erkennbaren Zwecke mehr gut sind. Dieses ‹Etwas›, das uns treu bleibt, ist ein ‹Jemand›, Jesus Christus. Wenn mir die Geschicke meines Lebens manchmal sinnlos scheinen und ich nicht weiß, warum mir dies oder das zu tragen auferlegt ist, dann kann ich immer noch sagen: Ich kenne den Sinn nicht, aber ich vertraue dem, der ihn kennt und der sich etwas denkt bei dem, was er mir schickt.»

Wie wird man eigentlich Christ?

Bei einem Thema, das viele Christen beschäftigt – «Was sagen Sie einem Menschen, der nicht weiß, wie man Christ werden kann?» –, riet er:

«Um zum Glauben an Jesus zu kommen, rate ich ihm zunächst, das Neue Testament einfach zu lesen und sich dann wie in einem Experiment auf Christus einzulassen, d. h. versuchsweise so zu leben, ‹als ob› er mein Herr wäre – vielleicht in der Weise, dass ich einem Menschen, der mir gar nicht liegt, in Gottes Namen einen ‹Becher Wasser› reiche. Dann wird er schon etwas von sich hören lassen. Man muss dabei kein auf die Minute datierbares Bekehrungserlebnis haben. Der Glaube an Gott kann auch langsam wachsen.»

Grundsätzlich kritisierte er, dass die Bibel und das geistliche Leben in der evangelischen Kirche eine immer geringere Rolle spielten. Die Kirche werde ebenso wie der Weltkirchenrat von einem «Linksruck» bestimmt. – So Thielicke 1983.

Viele Kollegen waren feige

Solche Ansichten machten ihn in Kirche wie Politik einsamer. Es war für konservative Theologiestudenten in Hamburg in den 70er Jahren bedrückend zu erleben, wie sich Kollegen – also Theologieprofessoren – von Thielicke distanzierten, nur um nicht vom SDS (dem Sozialistischen Deutschen Studentenbund) als reaktionär diffamiert zu werden. Die Folge: Zu ihm, zu dem einst Hunderte in die Vorlesungen strömten, kamen an seinem 65. Geburtstag 1973 noch ganze zwanzig Studenten. Die Angst, ja Feigheit vieler Theologieprofessoren war für mich beschämend zu erleben, denn sie wirkten ja in einer Demokratie und nicht in der DDR!

Was machte Thielicke mit seinen Honoraren?

Linke Medien waren sich nicht zu schade, ungehindert Schmähungen über Thielicke zu verbreiten. Eine beliebte war, dass Thielicke geldgierig sei, verlange er doch hohe Vortragshonorare. Bei 1.000 DM sprach man damals von einem «Thiel». Doch niemand ging der Frage nach, was er mit diesen Honoraren machte (die er auch nur von reichen Organisationen verlangte).

Wenn er beispielsweise zu unserer Gruppe der Studentenmission in Deutschland (SMD) in Hamburg kam, um auch vor unserer ganz kleinen Schar eine Bibelarbeit zu halten, überreichte er uns in einem verschlossenen Umschlag einen nicht geringen Geldbetrag, damit wir unsere evangelistische Tätigkeit besser finanzieren konnten.

Wenn Thielicke von irgendeinem Studenten mitbekam, dass er Not litt (und das waren damals nicht wenige), gab er ihm ebenso einen Umschlag.

Als ich – wie zu Beginn erwähnt – in einer Vorlesung vor Übermüdung einmal eingeschlafen war, fragte er mich, ob er sehr langweilig gewesen sei. Ich konnte ihm nur bekennen, dass ich es nicht beurteilen könne, da ich ja geschlafen hätte, weil ich in der Nacht hätte arbeiten müssen. Als er auf Nachfragen mitbekam, dass ich neben meinem Studium noch Geld verdienen musste, da meine Eltern kaum Rente bekämen, sagte er nichts. Fortan steckte er mir aber jeden Monat einen Umschlag zu. Das Geld, für das er sich jeden Dank geradezu verbat, ermöglichte mir dann, mich auf mein Studium zu konzentrieren.

Viele Medien sehen eben, was vor Augen ist.

Gott aber sieht das Herz an.

Gott sei Dank!

Helmut Thielicke

6.
Helden:
Freunde, die den Tod nicht fürchten

FÜR CHRISTEN GIBT ES IMMER EIN WIEDERSEHEN. Das Thema Sterben und Tod ist ein Tabu auch unter Christen. Warum eigentlich? Für sie geht es doch als Einzige ins himmlische Paradies. Auch Christen fragen bei schwerkranken Mitmenschen: «Müssen wir mit dem Schlimmsten rechnen?» Als ich Ähnliches hörte, als es um meine sterbenskranke Frau ging, konnte ich mir nicht verkneifen zu fragen: «Meinen Sie, meine Frau kommt in die Hölle?» Denn eigentlich müsste es doch heißen: «Wir dürfen mit dem Schönsten rechnen!»

Auch Christen fällt es schwer zu sterben. 2018 war in vielen Kinos ein Film über Papst Franziskus zu sehen. Ihn hat einer der erfolgreichsten deutschen Filmproduzenten gedreht, Wim Wenders. In einem Interview sagte er über seinen eigenen Glauben:

«Ich habe meinen Vater in den letzten Monaten seines Lebens begleitet, und das war für mich eine entscheidende Erfahrung: Er ging ohne jede Angst, ganz ruhig, und hat mir im Sterben seinen Glauben vorgelebt. Das hat mich Gott wieder nahegebracht.»

Wer sterben kann, dem billigt man offensichtlich einen Glauben zu, den man auch glauben kann. Der Regierungschef der Sowjetunion, Nikita Chruschtschow (als Nachfolger von Josef Stalin regierte er bis 1964), wurde einmal gefragt:

«Warum werden Sie als Kommunist eigentlich kein Christ?»
Und seine Antwort soll gewesen sein:
«Weil Christen auch nicht sterben können.»

Nach der Bibel ist der Tod der letzte Feind, weil er die Macht hat, unsere irdische Existenz zu zerstören (1. Korintherbrief 15,26). Gleichzeitig aber ist der Tod nicht ein Ende unseres Individuums, unserer Seele, sondern ein Sprung in die Arme Gottes. Für Christen der Eingang in den Himmel. Wirkt es da nicht unglaubwürdig, wenn in Gemeinden für einen fast 100-jährigen im Koma Liegenden gebetet wird, er möge doch ja bald wieder aufwachen?

Kann man vorbildlich sterben?

Kann man vorbildlich sterben? Ich habe es mehrfach erlebt. Da ist Karl-Ludwig von Boddien gewesen. Ich durfte in Heidelberg während meines Theologiestudiums von 1974 bis 1977 kostenlos bei ihm und seiner Familie wohnen und leben. Dafür hatte ich mich um Haus und Garten zu kümmern.

Der Ostpreuße war im Krieg schwer verwundet worden, schaffte es danach aber mit Fleiß und Einfallsreichtum, sich ein großes Unternehmen aufzubauen. Weil er nicht an Gott glaubte, trat er konsequenterweise auch aus der evangelischen Kirche aus. Gleichzeitig spendete er für viele Hilfswerke und ließ niemanden in Not allein, wenn er davon erfuhr.

Er ist ein Vorbild im sozialen Engagement gewesen, wie ich oft erleben durfte. Dennoch fehlte ihm das Entscheidende: der Glaube an den lebendigen Gott. Versuche von mir, ihn darauf hinzuweisen, scheiterten. – Ich gab schließlich auf.

14 Jahre nach unserer letzten Begegnung erfuhr er im Februar 1991 – er lebte inzwischen vor den Toren Hamburgs –, dass er unheilbar an Krebs erkrankt war. Jetzt schrieb der über 70-Jährige an seine Verwandten, Freunde und Geschäftspartner unter anderem:

«Mein Gesundheitszustand verschlechtert sich derart rapide, dass ich allen Dingen klar ins Auge sehen will und daher auch mein Ende mit großen Schritten herbeikommen sehe. Dies stimmt mich nicht traurig und bedrückt mich auch nicht. Doch ich möchte Dir mein absehbares Ableben ankündigen …

Stelle Dir vor, nun bin ich wieder in die Kirche eingetreten. Es war eine wunderschöne Feierstunde …

So ist hier alles geordnet, und ich freue mich besonders darauf, dass ein bibeltreuer Pastor die letzte Rede an meinem Grab halten wird. Ich ziehe wirklich frohen Herzens und bin so reich beschenkt, vor allem von meinem lieben Herrn Jesus Christus, dass ich ganz still, aber gläubigen Herzens von hier ziehe. Wann immer mich also mein Herr abruft – ich bin bereit.»

Drei Witwen weinten an seinem Grab

Auch mir hatte von Boddien geschrieben, und ich habe ihn sofort besucht. Ich erlebte einen schwerkranken, aber strahlenden alten Mann. Wir lagen uns in den Armen und beteten danach in einer Weise miteinander, die ich mir nie hätte träumen lassen. Zu seiner Frau sagte er: «Hol mir mal die Ewigkeitsakte!» Darin hatte er alles für seine Beerdigung einschließlich des Inhaltes der Traueransprache festgelegt.

Er hatte spät zum Glauben an Jesus Christus gefunden – insbesondere auch durch die Predigten von Pastor Jens Motschmann, dessen Bremer Gemeinde er besuchte. Er ist dreimal verheiratet gewesen. Bei seiner Beerdigung saßen seine drei ehemaligen Ehefrauen nun als Witwen weinend in der ersten Reihe. Er hatte sie stets gut behandelt und Pastor Motschmann gebeten, sie bei seiner Traueransprache alle einzubeziehen. In den letzten Wochen vor seinem Tod hat er noch alle die zu sich gebeten, bei denen er meinte, um Vergebung bitten zu müssen, weil er sie unrecht behandelt hatte. Sie erfuhren, was Christsein auch für Konsequenzen haben kann.

«Der Krebs wird mein Tor zur Ewigkeit»

Dass man einem Pfarrer geradezu seine Traueransprache diktiert, erlebte ich bei Bernd Motschmann aus Hamburg. Ein Christ mit einer ungewöhnlichen Biografie:

1938 in Berlin geboren, wächst er als Pfarrerssohn in der Altmark (Sachsen-Anhalt) auf. Als er vier Jahre alt ist, stirbt sein Vater. Als Zehnjähriger verliert er bei einem Zugunfall seinen rechten Arm und fast auch ein Bein. Drei Jahre verbringt er in Krankenhäusern.

Aufgrund der immer schwieriger werdenden Situation für Christen in der DDR verlässt er 1958 wie seine beiden Brüder (Klaus, Professor für politische Wissenschaften in Berlin, und später auch Jens, Pastor in Bremen) den SED-Staat und studiert in West-Berlin Politologie.

Nach seinem Abschluss wird er in Hamburg für den Kirchlichen Dienst in der Arbeitswelt (KDA) und später für die Männerarbeit und danach für die Hauskreisarbeit der Nordelbischen Kirche tätig. Weil er den theologischen Kurs dieser EKD-Mitgliedskirche zunehmend als theologisch und politisch einseitig empfand, trat er 1988 aus und gründete zusammen mit Hunderten anderen – mit Pastor Wolfram Kopfermann an der Spitze – die freikirchliche, evangelikale Anskar-Kirche.

Mit 53 wird Motschmann arbeitslos und bekommt auch keine Stelle mehr. Er nutzt seine Zeit, indem er jetzt sozusagen vollzeitlich Beter, Seelsorger, ja Beichtvater vieler Christen weit über Hamburg hinaus wird.

«Schätze des Glaubens»

Von 1985 bis kurz vor seinem Tod 2004 leitet Motschmann einen Gebetskreis, der einmal die Woche zusammenkommt, um für die Arbeit der Evangelischen Nachrichtenagentur idea zu beten, die wegen ihres christuszentrierten Kurses sehr umkämpft ist. Der Kreis der Beter, der heute von Uwe Marquard geleitet wird, fühlt sich der Ausrichtung von idea sehr verbunden.

Bernd Motschmann ist ein Mann der Stille gewesen, hatte weder Fernsehen noch Internet und blieb ledig. So hatte er auch Zeit, geistliche Literatur aus Jahrhunderten zu lesen und auszuwerten. Daraus entstand eine sehr beliebte idea-Serie: «Schätze des Glaubens».

Im Alter von 65 Jahren kommt er am 20. Januar wegen starker Rückenschmerzen in ein Krankenhaus. Am nächsten Morgen erfährt er völlig überraschend, dass er bald sterben müsse, weil sein ganzer Körper voller Krebs ist. Am Nachmittag ruft er mich an:

«Komm so schnell wie möglich zu mir ins Krankenhaus. Ich weiß nicht, wie lange ich noch klar im Kopf bin. Ich werde bald sterben, und du sollst dann die Ansprache halten. Ich will dir sagen, was alles darin vorkommen muss.»

Am nächsten Tag bin ich bei ihm. Er sitzt völlig entspannt, ja irgendwie heiter im Bett und diktiert mir ohne Umschweife, was ich sagen soll. Bei manchen Passagen stoppe ich, frage, ob so etwas unbedingt erwähnt werden müsse. Er besteht darauf.

Zwölf Tage später geht er heim zu seinem Vater im Himmel. Vorher hat er sich am Krankenbett von vielen seiner Freunde noch verabschiedet. Er sagt noch jedem, was er für ihn für wichtig hält, betet mit ihm und segnet ihn.

Am 7. Februar fand dann auf seinen Wunsch hin keine Trauerfeier, sondern ein Dankgottesdienst in einer der schönsten Kirchen Hamburgs statt, der St.-Johannis-Kirche in Eppendorf, die im Volksmund auch Hochzeitskirche genannt wird, weil viele Paare sich in dieser lutherischen Kirche trauen lassen. – Bernd Motschmann hat den Ablauf des Gottesdienstes in allen Einzelheiten selbst bestimmt und auch gewollt, dass in der Predigt unter dem Leitwort «Erkennet doch, dass der Herr seine Heiligen wunderbar führt» (Psalm 4,4) über die drei Bekehrungen seines Lebens berichtet wird. In Auszügen die Predigt aus Anlass seines irdischen Endes:

«Meine drei Bekehrungen»

Das Folgende hatte mir Bernd Motschmann diktiert. Ich habe es in der Predigt vorgelesen.

Ich bin ein konservativer Kirchenchrist in Hamburg gewesen. Ich nahm regelmäßig an Gottesdiensten teil und trat für traditio-

nelle Werte in Kirche und Gesellschaft ein. An meinem 40. Geburtstag hält mein Bruder Jens eine Andacht. Als ich dabei höre, wie Gott sich unser Leben wünscht, breche ich in Tränen aus, weil ich erkenne: Mein Leben ist nicht in Ordnung. Mir fehlt das Wichtigste: eine wirkliche Beziehung zu Gott.

Doch diese Erkenntnis führt leider noch nicht dazu, dass ich auch Konsequenzen ziehe. Ich muss offensichtlich erst Leid erleben, um zu einer Änderung in meinem Leben bereit zu sein. In den nächsten Monaten erlebe ich gleich drei schwere Unfälle. Nach einem gefährlichen Treppensturz sagt mir der Arzt, dass ich nur durch ein Wunder vor einer Querschnittlähmung bewahrt worden sei. Ich werde unruhig.

Eines Tages ruft mich mein Freund Burkhard Asmussen an und sagt: «Bernd, jetzt habe ich gefunden, was wir geistlich gemeinsam schon lange gesucht haben.»

«Ja, wo denn?»

«In der Hauptkirche St. Petri bei den Gottesdiensten von Wolfram Kopfermann.»

Bei sich selbst anfangen

Es ist die Blütezeit der charismatischen Bewegung. Wolfram Kopfermann ist damals ihr führender Kopf. Hier höre ich, der immer verbal für die Erneuerung der Kirche eingetreten ist: «Wer die Kirche erneuern will, muss bei sich selbst anfangen.» Das trifft mich ins Mark.

Anfang 1981 wird von der charismatischen Bewegung eine Tagung mit Wolfram Kopfermann und dem katholischen Theologen Heribert Mühlen in der Nähe von Hamburg angeboten. Ich ent-

schließe mich, daran teilzunehmen. Doch der Beginn ist nicht verheißungsvoll. Ich stelle mich einem anderen Teilnehmer, Pastor Dr. Dieter Müller aus Schleswig-Holstein, vor. Als er nur meinen Namen hört – zu damaliger Zeit war der Name Motschmann bei Linksorientierten ein Synonym für reaktionäres, ja geradezu zu bekämpfendes Christentum –, fährt er mich an: «Motschmann, das steht für alles, was ich tief gefressen habe.» Ich bin schockiert.

In den nächsten Stunden wird uns deutlich gemacht, dass jeder sein Leben ändern kann, egal in welcher Situation man sich befindet. Ein Neuanfang ist möglich. Konkret wird die Möglichkeit einer Lebensbeichte angeboten, dass man also losgesprochen werden kann von Sünden, so dass sie einen nie mehr belasten können. Ich nehme dieses mir noch vor wenigen Jahren unbekannte Angebot wahr. Und: Ich empfinde eine nie zuvor gekannte Erleichterung und Freude. Genau das, was in dem Lied ausgedrückt wird: «Welch Glück ist's, erlöst zu sein.»

Unerwartetes Wunder

Gegen Ende der Tagung findet ein Dankgottesdienst statt. Dabei geschieht ein für mich unerwartetes Wunder. Wie jeder Teilnehmer, der eine Wende in seinem Leben vollzogen hat, trete auch ich nach vorn, um darüber zu berichten. Und ausgerechnet mein Erzgegner, der damals weit links stehende Dieter Müller, der sich noch zu Beginn des Treffens geweigert hatte, mit mir überhaupt zu reden, betet für mich.

Nach mir geht Müller nach vorn. Spontan lege ich ihm die Hand auf und segne ihn. Dann fallen wir uns beide um den Hals und sind seitdem Brüder und Freunde. Politisch links und rechts, das ist jetzt ganz nebensächlich geworden, weil wir beide unsere Mitte in Jesus Christus haben.

Nach diesem für mich einschneidenden Erlebnis am 11. März 1981 beginne ich mein Leben von Grund auf zu ändern. Mir ist jetzt allein wichtig, dass ich im Frieden mit Gott lebe. Und natürlich treffe ich dabei Entscheidungen, mit denen andere nur schwer umgehen können. So schicke ich z. B. meine Diplomarbeit an die Freie Universität Berlin zurück mit der Begründung: «Ich habe dieses Diplom nicht verdient, weil ich bei einer Zwischenprüfung bei der Englischklausur die Übersetzung abgeschrieben habe.» Der Dekan der Fakultät ist überrascht, schickt mir aber mein Diplom zurück mit der Bemerkung: Auch wenn man die Mogelei – also die abgeschriebene Übersetzung – als Fehler wertet, hätte ich bestanden.

Arbeitsamt: Der «Einspruch Gottes»

Weil ich mit der geistlichen Entwicklung meiner Kirche nicht mehr einverstanden sein kann, trete ich aus, werde dadurch aber arbeitslos. Als mir dann bei einer christlichen Organisation eine Stelle angeboten wird, bin ich darüber erst dankbar und unterschreibe den Arbeitsvertrag. Aber ich spüre im Inneren, dass ich im Blick auf diese Stelle keinen Frieden mit Gott habe. Also steige ich aus dem Arbeitsvertrag wieder aus, was viele nicht verstehen können. Später höre ich, dass in den Unterlagen meines Arbeitsamtes steht:

«Auflösung des Arbeitsvertrages wegen Einspruch Gottes.» In vielen dieser Situationen hätte ich eigentlich verzagen müssen. Doch ich hielt mich an ein Wort, das mir einmal meine Mutter

nach meinem Unfall gegeben hat. Es stammt von dem russischen Dichter Fjodor Dostojewski (1821–1881): «Liebe dein Schicksal, denn es ist der Gang Gottes mit deiner Seele.» Ich erlebe auch in Zeiten des Leides, dass mich Gott trägt und er es gerade auch dann mit mir gut meint, wenn ich es nicht verstehe.

Doch obwohl ich bekehrt bzw. geistlich neu oder wiedergeboren bin, habe ich noch mit einem großen Problem zu kämpfen: mit unkeuschen Gedanken. Sie quälen mich oft Tag und Nacht und belasten mein Gewissen schwer. Am 23. Juni 1990 bin ich so verzagt, dass ich meine Situation nur noch in den Worten des Liedverses «Ich lag in tiefster Todesnacht» wiedergegeben finde. In völliger Verzweiflung wende ich mich an Gott. Plötzlich sehe ich vor meinem geistigen Auge etwas, was mir erscheint wie das Angesicht Jesu. Und es ist mir, als ob ich das Wort höre: «Fürchte dich nicht, denn ich habe dich erlöst» (Jesaja 43,1). Gleichzeitig erlebe ich eine unbeschreibliche Freude. Meine zweite Bekehrung sozusagen: Ich fühle mich frei von einer Sucht, einer Abhängigkeit.

Natürlich sorge ich auch dafür, dass ich jetzt nicht in bedenkliche Situationen komme. Ich trenne mich von allem, was für mein geistliches Leben nicht gut ist. Ich erlebe jetzt Jahre in großem Frieden mit Gott, wo es mir auch geschenkt ist, tatsächlich keusch leben zu können.

«Ich kann nicht mehr beten»

Doch Gott ist offensichtlich noch nicht mit mir fertig. Im letzten Herbst kommt es zur für mich höchsten Anfechtung überhaupt. Ich habe seit meiner Entscheidung, Christ zu sein, alles darum gegeben, dass ich eine intakte Beziehung zu Jesus Christus behalte. Nun habe ich immer wieder mit Rückenschmerzen zu tun. Aber das ist nicht das Problem. Ich erlebe vielmehr eine mir völlig unerklärliche Gottesferne. Ich komme mir vor wie der Prophet Elia in der Wüste. Ausgerechnet ich, der ich andere immer aufgefordert habe, bei Problemen zu beten, kann plötzlich selbst nicht mehr beten. Ich weiß nicht, was Gott mir damit sagen will, und bin völlig verzagt.

Da erhalte ich im Januar unerwartet einen seltsamen Brief. In ihm wird von einem Soldaten berichtet. 1945 sind ihm an der Front in Schlesien die Füße erfroren. Eigentlich hätte er nicht mehr mit ihnen gehen können, doch er muss, um seine Familie bei der Flucht vor der Roten Armee zu begleiten. Und so marschiert er neben dem Wagen, auf dem sie sitzt, unter ungeheuren Schmerzen mit. Was er nicht wissen kann: Gerade durch diesen Kraftakt wird der Blutfluss in seinen Füßen wieder aktiviert. Seine Füße können so gerettet werden. Genau zu der Zeit, wo er dachte, Gott sei machtlos, ist Gott machtvoll.

Jetzt kann ich sterben

Mich hat dieser Brief stark getröstet. Ich ahne, dass Gott mir in dieser Zeit meiner geistlichen Dürre etwas sagen will. Gott will offensichtlich, dass ich lerne, mich ganz allein auf ihn zu verlassen. All mein Streben, all meine Heiligung, all meine fromme Leistung bringen nichts. Ich muss lernen, dass ich ganz als Bettler vor Gott stehe, wie Luther es einmal ausdrückte, dass ich total von Christus abhängig bin. Erst dann bin ich wohl in der Lage, selbst das Sterben anzunehmen.

Bernd Motschmann

Es ist meine dritte Bekehrung. Wegen meiner Rückenschmerzen war ich bisher bei Orthopäden in Behandlung. Als die Schmerzen unerträglich werden, gehe ich am 20. Januar ins Krankenhaus. Am 21. Januar lautet die Diagnose: unheilbar an Krebs erkrankt. Etwas Merkwürdiges passiert. Ich bekomme keinen großen Schock, werde nicht in tiefste Verzweiflung geführt. Im Gegenteil: Als ich die Diagnose höre, ist es mir, als ob ich nach langem Leidensweg endlich die Oase erreicht habe. Mich durchströmt geradezu ein ganz großer Friede. Ich habe wieder eine Beziehung zu Gott! Angesichts des Todes weiß ich jetzt: Die Macht des Todes ist gebrochen. Denn ich spüre geradezu handgreiflich, dass Gott da ist; dass er es offensichtlich bestimmt hat, dass der Krebs mein Tor zur Ewigkeit werden soll.

Ich erinnere mich an die letzten Worte meiner Mutter auf dem Sterbebett: «Schön, schön.» Jetzt habe ich nur noch den Wunsch, dass ich das auch sagen können möchte. Ich bitte all jene, die von meiner Erkrankung erfahren und ganz entsetzt sind, dass sie jetzt nicht um eine Wunderheilung beten, sondern darum, dass ich diesen Frieden behalten kann. Denn das ist mir das Wichtigste im Leben: in Übereinstimmung mit Gottes Willen leben zu können.

So weit das Diktat von Bernd Motschmann, das ich in der Predigt vorlesen musste.

Auf Wiedersehen, einen Stock höher!

In den letzten zehn Tagen seines irdischen Lebens hat sich Bernd Motschmann von seinen Verwandten und vielen Freunden verabschieden, ja viele noch segnen können. Es kommt zu einer alle berührenden Abendmahlsfeier mit seinen Brüdern und einigen Freunden im Krankenhaus. Wenige Stunden bevor er einschläft, sagt er:

«Ich bin unendlich schwach, aber getrost und fröhlich.»

Von vielen hat er sich verabschiedet mit den Worten:

«Dann auf Wiedersehen, einen Stock höher.»

Als er einst als Vierjähriger am Grab seines Vaters auf dem Domfriedhof in Berlin stand, fragte er mit Blick auf den Sarg in der Gruft seine Mutter: «Na, wo ist denn Papa jetzt, da unten oder aber bei den Engeln?» Im Dankgottesdienst schloss ich meine Predigt mit den Worten:

«Bernd Motschmann liegt dann zwar unten im Grab, aber seine Persönlichkeit ist bei den Engeln im Himmel. Vielleicht macht er jetzt bereits einen Saal auf, um alle seine Freunde im Laufe der Jahre und der Jahrzehnte dort begrüßen zu können. Schon allein deshalb lohnt es sich doch, Christ zu bleiben oder erst noch zu werden. Christen jedenfalls können als Einzige, egal in welcher Situation, ohne zu lügen sagen: Auf Wiedersehen. Also:

Auf Wiedersehen, Bernd!»

7.
Heilungswunder:
Wenn die Ehefrau plötzlich stirbt

GOTT KANN AUCH ANDERS. Christen, die schwerkrank sind, bitten um Heilung, und meist beten viele Schwestern und Brüder im Glauben dann auch mit. Immer wieder haben daraufhin Christen die Intensivstation verlassen können. Was aber, wenn Gott anderes vorhat?

Wer sich in Wort und Tat für Jesus Christus entscheidet, dem ist verheißen, dass er nach seinem irdischen Ende in den Himmel, das ewig währende Paradies, kommt. Dort wird es kein Leid und keine Tränen mehr geben. Das Glück pur steht also Christen bevor (Johannesevangelium 14,6; Offenbarung des Johannes 21,4).

Trotzdem versuchen auch zahlreiche bibelfeste Christen mit allen möglichen Mitteln, den Tod zu vermeiden – beispielsweise durch viele Gebete. Seitdem es das Internet gibt, kursieren zahlreiche Gebetsaufrufe: «Bitte bete, mein Mann, meine Frau, mein Kind, mein Freund ist schwerkrank und droht zu sterben.»

So war es auch bei meiner Frau Heidrun, die 37 Jahre lang in einem Krankenhaus in der westfälischen Großstadt Siegen tätig war. Als sie vierzehn Tage nach Beginn ihres vorgezogenen Renteneintritts im Alter von 61 Jahren Mitte September 2017 die Diagnose Bauchspeicheldrüsenkrebs samt Metastasen erhielt, hat unser Sohn aus Liebe zu seiner Mutter und im Vertrauen darauf, dass Gott Gebete erhört, über zwanzig Gebetsaufrufe im Internet mit fast immer der gleichen Überschrift verbreitet: «Bitte betet für meine Mutter.»

Wie Reaktionen zeigten, haben Hunderte immer wieder bekannt, für meine Frau zu beten – auf vier Kontinenten, denn meine Frau hatte sich lange Zeit auch um manche ausländische Studenten in unserem damaligen Wohnort Siegen gekümmert. Für all diese Gebete sind wir sehr dankbar.

Denn das Gebet hat nach der Heiligen Schrift auch tatsächlich eine ganz große Verheißung. Der Apostel Paulus schreibt im 1. Thessalonicherbrief 5,17 sogar: «Betet ohne Unterlass.» Jesus selbst fordert viele Male zum Beten auf. Obwohl Paulus selbst Wunder tat, rief er immer wieder zum Gebet auf.

Der Papst dürfte dann nie krank werden

Gleichwohl haben wir nicht geglaubt, dass es auf die Menge ankäme. Ich wurde immer wieder von besorgten Christen gefragt, ob ich mich nicht für noch viel mehr Beter einsetzen könnte. Ich habe es nicht getan. Denn wenn es auf die Zahl angekommen wäre, wären die Menschen vor dreißig Jahren arm dran gewesen, denn da gab es noch kein Internet, mit dem man die halbe Welt zum Beten motivieren kann.

Mir fällt auch kein Beispiel ein, dass Gott sich durch die Masse beeinflussen ließe. Und dennoch geht eine große Faszination unter vielen Christen von der Hoffnung aus: «Hunderte beten für mich oder für meine Angehörigen.» Die große Beterzahl kann trösten, aber beeindruckt sie Gott wirklich? Lässt sich Gott dadurch mehr beeinflussen? Wenn er es täte, dürfte der Papst nie krank werden und sterben, beten doch Millionen Katholiken in vielen Messen für ihn.

Tatsächlich wissen wir, dass Jesus sich besonders durch sehr ernsthafte Bitten bewegen ließ. Als die kanaanäische Frau ihn bittet, ihre Tochter zu heilen, weist Jesus sie zunächst unwirsch ab. Doch die nichtjüdische Frau lässt nicht locker. Und da antwortet Jesus dann: «O Frau, dein Glaube ist groß. Dir geschehe, wie du willst!» (Matthäusevangelium 15,28). Das Mädchen wurde gesund. Dem entspricht, wenn es beispielsweise im Jakobusbrief (5,16) heißt: «Das Gebet des Gerechten vermag viel, wenn es ernstlich ist.»

Aber dass es mehr nützt, wenn viele Gott in den Ohren liegen, ist nicht belegt. Dann wäre Gott auch ungerecht. Denn was ist dann mit einem Greis, der im Pflegeheim liegt, keine Angehörigen mehr hat und dem auch Glaubensgeschwister nicht zur Seite stehen, weil sie vermutlich gar nicht um ihn wissen? Ich habe einmal als junger Praktikant sieben Monate in einem Pflegeheim gearbeitet. Mich hat sehr bewegt, dass manche Alte selbst an Weihnachten keinen Besuch bekamen. Hätte ihr Gebet weniger Chancen bei Gott?

Macht Gott uns glücklich?

In einigen Bibelstellen und besonders in modernen Liedern – vor allem dem sogenannten Lobpreis – wird Gottes Liebe besungen, die immer und überall spürbar sei. Da heißt es in einem neueren, vielgesungenen Lobpreislied unter dem Titel «Deine Liebe»: «Du durchdringst unser Dasein mit Glück.»

Darüber aber finde ich keine Aussage von Jesus. Im Gegenteil! Jesus sagt in der Bergpredigt (Matthäusevangelium 5,4): «Selig (auf Deutsch: glücklich) sind, die da Leid tragen, denn sie sollen getröstet werden.»

In einem anderen Lied steht: «Dankt dem Herrn, denn er ist gut. Er rettet uns aus der Not», oder: «Danke für alles, was du gibst, Herr, wir finden alles, was wir brauchen, bei dir, Herr.»

Diese Aussagen sind wahr und verständlich. Wir wünschen uns in schwierigen Lagen natürlich schon jetzt das Paradies und lassen uns gern in eine Halleluja-Stimmung bringen. Die im Lobpreis beschriebene Erfahrung haben sicher auch viele Christen gemacht. Doch sind viele Lobpreislieder wirklich alltagstauglich? Denn in der Bibel findet sich auch anderes:

Auf den 1.400 Seiten der Lutherübersetzung kommt «Halleluja» nur 27-mal vor – auf nur jeder 51. Seite. Es ist auch mehr von der Hölle als vom Himmel die Rede. Da gibt es Aussagen, über die ich noch nie eine Predigt gehört habe. So steht im Hebräerbrief (10,31): «Schrecklich ist's, in die Hände des lebendigen Gottes zu fallen.»

Wo war Gott?

Mir fiel es während der Krankheitsphase meiner Frau zunehmend schwer, daran zu glauben, dass Gottes Wesen – wie ich es oft in Predigten höre – immer und überall von Liebe bestimmt sei. Ich habe mich oft gefragt, wie diese Liebe denn aussehen soll angesichts des furchtbaren Leidens meiner Frau, bei der manchmal selbst Schmerzmittel nicht mehr halfen.

Ich habe in ihrer Leidenszeit nie das Gefühl gehabt, dass Gott mir nahe gewesen wäre. Aber ich habe auch selbstkritisch überlegt, ob ich vielleicht ein falsches Verständnis von der Liebe Gottes habe. Fest steht: Den lieben Gott gibt es nicht – aber den liebenden Gott, auch wenn wir seine Entscheidungen nicht verstehen.

Für meine Frau wurde unglaublich viel gebetet. Aber es ging nach einer ersten guten Phase, wo sie sich zu Hause selbst behandeln konnte, immer mehr bergab. Ärzte der Palliativstation, auf der meine Frau lag und auf der sie 16 Jahre selbst als Ärztin tätig war, bekannten offen, es gebe manche Illusion über die Möglichkeiten, ein völlig schmerzloses Sterben zu ermöglichen. Meine Frau konnte zum Schluss nicht einmal mehr auf die Frage der Ärzte antworten, ob man sie zur Schmerzlinderung in einen tiefen Schlaf versetzen dürfe. Das musste dann ich entscheiden. Sie ist daraus auch nicht mehr aufgewacht.

«Das Wasser steht mir bis zum Hals»

Es ist wichtig, immer die *ganze* Heilige Schrift zur Kenntnis zu nehmen. Mich haben in dieser Zeit die Psalmen getröstet. Beispielsweise Psalm 69, wo der große König David betet: «Das Wasser steht mir bis zum Hals.»

Auch die alten Choräle gaben mir Trost: «Aus tiefer Not schrei ich zu dir, Herr Gott, erhör mein Rufen» von Martin Luther (1483–1546).

Oder: «Befiehl du deine Wege und was dein Herze kränkt der allertreusten Pflege des, der den Himmel lenkt» von Paul Gerhardt (1607–1676). Die letzte Strophe habe ich zum Schluss immer nur wieder beten können: «Mach End, o Herr, mach Ende mit aller ihrer Not», der Not meiner Frau.

Doch wer kennt diese Lieder noch? In einigen modernen Liederbüchern sind sie nicht mal mehr verzeichnet.

Jesus sagt: «Im Himmel wird es sein wie bei einer Hochzeit» – also wunderschön. Doch *davor* kann es schrecklich sein. Das hat Jesus ja selbst am Kreuz erlebt.

Gott kann, aber er muss nicht

Meine Frau ist vorzeitig – mit 61 – in den Ruhestand gegangen, weil sie noch viel vorhatte. Sie wollte ein missionarisch-diakonisches Projekt auf dem einstigen Grundstück meiner Eltern, einem Dorf bei Peine, verwirklichen. 13 Jahre hat sie sich zusammen mit ihrer Schwester darauf vorbereitet. Ende 2017 sollte es beginnen.

Doch nur zwei Wochen nach dem offiziellen Beginn ihres Ruhestandes am 1. September 2017 erfolgte dann die Diagnose Bauchspeicheldrüsenkrebs. Nur zehn Prozent überleben damit das erste Jahr. Wer Metastasen hat, wie meine Frau, wird gar nicht erfasst. Ein Chefarzt sagte mir: «Seien Sie froh, wenn Ihre Frau nicht schon in zwei, drei Monaten tot ist.» Es wurden – Gott sei Dank – acht Monate.

Meine Frau, die viele Jahre auf der Palliativstation zahlreiche Patienten mit ihrer Diagnose hat leiden und sterben sehen, nahm das Ergebnis der Untersuchungen ganz gelassen hin:

«Ich bin auch jetzt in Gottes Hand. Ich weiß, wohin ich gehe.»

Ich habe sie schwer bewundert, denn ich bin wehleidig. Ich hätte wohl nicht so getrost sein können.

Gott kann auch Leid wollen

Doch dann kam es zu einem Unfrieden – ausgerechnet durch an sich liebe Mitchristen. Insgesamt besuchten meine Frau innerhalb von zwei Monaten elf verschiedene Charismatiker aus unterschiedlichen Gemeinden. Sie behaupteten alle dem Sinne nach, Gott habe ihnen gesagt: Ihre Krankheit sei «nicht zum Tode». Anders ausgedrückt: Sie würde geheilt.

Natürlich bleibt eine Familie von solchen Zusagen nicht unbeeindruckt. Auch ich glaube, dass Gott meine Frau hätte heilen können, aber ich weiß, das einzige Gebet, das Gott zu 100 Prozent erhört, steht im Vaterunser und lautet: «Dein Wille geschehe.» Und dieser Wille kann auch Leid, Not und Schmerz bedeuten. Das belegen zahlreiche Stellen in der Heiligen Schrift. Ich erwähne hier nur die Klage Davids: «Gott, wende DEINE Plage von mir; ich vergehe, weil DEINE Hand nach mir greift» (Psalm 39,11).

Treffen die Tageslosungen auf jeden Leser zu?

Manche charismatischen Mitchristen, die sich sehr liebevoll engagierten, fühlten sich auch bestärkt dadurch, dass es immer wieder Tageslosungen der Herrnhuter Brüdergemeine gab, die von Heilung sprachen. So beispielsweise am 17. März 2018: «Herr, mein Gott, da ich schrie zu dir, machtest du mich gesund» (Psalm

30,3). Für den 21. April wurde ausgelost: «Stricke des Todes hatten mich umfangen, ich kam in Jammer und Not. Aber ich rief an den Namen des Herrn: Ach, Herr, errette mich!» (Psalm 116,3.4 – und danach wird dann die Rettung geschildert).

Oder, als es meiner Frau bereits sehr schlecht ging, am 6. Mai aus dem alttestamentlichen Buch Jesaja 38,16: «Herr, du lässt mich genesen und am Leben bleiben.» Das hat Jesaja erfahren, das hat der Psalmbeter erlebt. Aber wer nimmt nicht in seiner Not einen solchen Vers auch als direkt für ihn von Gott vorgesehen?

Ich muss gestehen, dass ich kritisch geworden bin bei einem unbedarften Gebrauch der Losungen. Darf man sie wirklich so generalisieren? Ich meine, nein.

«Heidrun, du bist schon geheilt!»

Als meine Frau – es war fünf Wochen vor ihrem Heimgang am 22. Mai 2018 – ins Krankenhaus kam, besuchten sie zum dritten Mal zwei liebe Frauen von einem charismatischen Heilungsdienst (der auch tatsächlich Heilungen erlebt hat). Dieses Mal sollte ich dabei sein. Zum Schluss sagte eine von ihnen zweimal mit schneidender Stimme: «Heidrun, du bist schon geheilt.»

Ich sah meine Frau an: Aus drei Flaschen floss ihr Medizin zu. Und sie sollte körperlich geheilt sein? Die beiden Frauen meinten, das Beste zu tun. Sie hatten ihre Zeit geopfert, wollten nicht einmal Fahrgeld annehmen. In dieser Hinsicht waren sie geradezu vorbildlich. Aber sind die Aussagen der Frau biblisch gewesen?

«Ich habe Frieden gefunden»

An meinem Geburtstag – 7. Mai – war ich mit der Nachtschicht dran. Mein Sohn und ich wechselten uns die Nächte bei meiner Frau ab. Sie empfing mich mit den Worten: «Ich habe Frieden gefunden mit meiner Krankheit. Ich kann Ja sagen zu Gottes Weg.»

Wir hatten dann ein wunderbares, in letzte Tiefen gehendes Gespräch. Meine Frau konnte auch noch alle Einzelheiten für ihre Beerdigung festlegen.

Aber einige extreme Charismatiker – die große Mehrheit dieser auch viel Gutes bewirkenden Bewegung ist es nicht – gaben nicht auf. Noch in der Nacht vor ihrem Tod – acht Tage nachdem meine Frau in einen Tiefschlaf versetzt worden war – gab es vor ihrem Zimmer ein Wortgefecht. Eine Charismatikerin, deren Namen ich nicht mal kenne, fragte mich, wofür ich jetzt bete. Ich konnte ihr nur bekennen:

«Dass meine Frau endlich zu ihrem Vater im Himmel kann.»

Daraufhin meinte sie:

«Ich bete für genau das Gegenteil: dass sie morgen früh gesund das Krankenhaus verlässt.»

Daraufhin fragte mein Sohn:

«Soll das hier ein Gebetswettkampf sein?»

Die Charismatikerin sagte:

«Das ist es.»

Ich konnte beim letzten Atemzug meiner Frau dabei sein.

Sie ist jetzt bei unserem Herrn.

Wir werden uns wiedersehen.

Sie hätte 80 Jahre alt werden müssen

In der Zeitschrift «Apotheken-Umschau» werden immer wieder einmal Tipps gegeben, wie man alt wird. Meine Frau hat alles, ohne das bewusst als Ziel vor Augen zu haben, befolgt: Sie hat nie geraucht, nie Alkohol getrunken, sich gesund ernährt, ist prinzipiell optimistisch gewesen. Danach hätte sie über 80 Jahre alt werden müssen. Sie starb zwanzig Jahre früher. Durch ihren gesunden Lebensstil hat sie sich vermutlich einige Krankheiten erspart. Aber Gott allein bestimmt das Ende.

Nie ist es mir so deutlich geworden, dass Gott allein der Herr über Leben und Tod ist. Deshalb ist das größte Heilungswunder für mich: Ja zu Gottes Wegen zu sagen.

Und dieser Weg verläuft für jeden anders.

8.
Zweifel:
Habe ich eigentlich den Heiligen Geist?

GOTT GIBT ES SOGAR DREIFACH. Über kaum ein Thema ist in der Christenheit so viel gestritten worden wie über den Heiligen Geist. Die Meinungsunterschiede spalten bis heute Familien und Gemeinden und haben zur Gründung neuer Kirchen geführt. Dabei ist das biblische Zeugnis vom Heiligen Geist eindeutig – liest man es im Zusammenhang.

Völlig überraschend trifft ein Einschreiben an meine Privatanschrift ein: «Lieber Helmut, ich bin in großer Sorge um Dich und den Kurs von idea [Anmerkung: Gemeint ist die Evangelische Nachrichtenagentur idea]. Denn ich habe gehört, Du würdest in Zungen reden. Damit aber würdest Du etwas praktizieren, was es nach der Zeit der ersten Gemeinden der Christenheit nicht mehr geben darf. Solltest Du die heute in pfingstlerischen und charismatischen Kreisen verbreitete unbiblische Praxis tatsächlich ausüben, fordere ich Dich auf, Dein Amt als idea-Leiter niederzulegen.»

Verfasst war der Brief im Sommer 1982 von einem ansonsten sehr lieben Mitchristen, der ein großes Missionswerk leitete und im Vorstand der pietistischen Dachorganisation Evangelischer Gnadauer Gemeinschaftsverband e. V. mitwirkte.

Meine Antwort war kurz: «Lieber …, Du kannst ganz beruhigt sein. Ich rede weiterhin nur mit einer Zunge …»

Wer ist evangelikal?

Bislang hatten wir uns theologisch und menschlich gut verstanden. Zu einem – Gott sei Dank nur kurzfristigen – Streit war es gekommen, nachdem ich zwei Kommentare über große Veranstaltungen der neu aufgekommenen charismatischen und der ihr theologisch verwandten Pfingst-Bewegung verfasst hatte. Der Tenor lautete: Beide Ausprägungen sollte man ernst nehmen, denn auch sie zählten zur evangelikalen Bewegung.

Meine Zuordnung führte zu scharfen Protesten im Pietismus, den weithin die Evangelikalen dominierten. Erst seit Anfang der 70er Jahre bezeichneten sich die theologisch konservativen Protestanten nach angloamerikanischem Vorbild als evangelikal. Der Begriff bedeutet im Englischen im Wesentlichen auch nichts anderes als das Deutsche «evangelisch». Mit diesem Begriff wollte Martin Luther (1483–1546) das bezeichnen, «was mit dem Evangelium übereinstimmt». Da aber «evangelisch» im deutschsprachigen Raum mittlerweile für alles Mögliche stand, wollten sich die, die sich als bibeltreu verstehen, davon abgrenzen.

Doch wer sollte sich nun alles als evangelikal bezeichnen dürfen, nachdem ein führender Repräsentant des Bundes Freier evangelischer Gemeinden, Fritz Laubach, 1972 das Buch veröffentlicht hatte: «Aufbruch der Evangelikalen»?

Was allen gemeinsam ist

1979 veranstaltete dazu die Konferenz Evangelikaler Publizisten (heute: Christlicher Medienverbund KEP) in Wetzlar eine Tagung zum Thema «Evangelikale heute». Dabei unterschied der Präses des Evangelischen Gnadauer Gemeinschaftsverbandes, Kurt Heimbucher, drei Hauptgruppen.

Erstens: die «Bekenntnis-Evangelikalen», die die biblische Autorität der kirchlichen Bekenntnisse betonen und sich in lutherischen Kirchlichen Sammlungen vereinigt haben.

Zweitens: die «Pfingst-Evangelikalen» aus charismatisch und «gemäßigt-pfingstkirchlich» orientierten Gruppen.

Und drittens die «Allianz-Evangelikalen», zu denen sich Christen aus Landes- und Freikirchen innerhalb der Deutschen Evangelischen Allianz zählen, die dem Pietismus nahestehen.

Sie alle bilden bis heute die große Mehrheit der evangelikalen Bewegung. Daran habe ich mich als idea-Leiter aus Überzeugung orientiert. Denn allen drei Strömungen ist laut Heimbucher gemeinsam:

1. Die Bibel ist Gottes Wort.
2. Das ewige Heil ist allein in der Verbindung mit Jesus Christus zu erlangen.
3. Christen wirken entsprechend missionarisch wie diakonisch und setzen sich mit dem Zeitgeist auseinander.

Für Heimbucher sind die Evangelikalen eine theologisch und ethisch «konservative», aber in ihrem sozialen Engagement progressive Bewegung, die viele Alternativen zu liberalen kirchlichen Aktivitäten biete.

Was genau sind denn Pfingstler?

Die Pfingstbewegung ist erst vor etwa hundert Jahren entstanden. Da sie den Heiligen Geist stark betont, übernahm sie als Charakteristikum den Namen des Festes, an dem er erstmals ausgegossen wurde, also Pfingsten.

Ihren Ursprung hat diese Ausrichtung 1906 in der US-Metropole Los Angeles genommen, als es dort eine drei Jahre anhaltende Erweckung mit spektakulären Begleiterscheinungen gab: Menschen wurden ergriffen, außergewöhnliche Heilungen geschahen – verbunden mit Prophetien und Zungenreden [der Fachbegriff lautet Glossolalie: das Reden in fremden Sprachen].

Als die Bewegung nach Deutschland rüberschwappte, kam es zu derart turbulenten Christentreffen vor allem in Kassel, dass sich weite Teile des Pietismus 1909 in der sogenannten «Berliner Erklärung» von ihr scharf distanzierten und sogar äußerten, die Pfingstler seien «von unten», also dämonisch beeinflusst. Mehrere pietistische Gemeinden und Verbände spalteten sich daraufhin.

Die Ablehnung der Pfingstler (die bald eine Freikirche bildeten) hielt bis in die 90er Jahre an. Ähnlich erging es der in den 60er Jahren in den USA entstandenen, weithin in bestehenden Kirchen wirkenden charismatischen Bewegung. Dass sich viele Pfingstgemeinden grundlegend geändert hatten, haben trotz der positiven Beurteilung des Präses der pietistisch-evangelikalen Dachorganisation Gnadauer Verband im Jahre 1979 viele Evangelikale danach noch nicht wahrgenommen oder nicht wahrnehmen wollen.

Die ersten großen charismatisch-pfingstkirchlichen Treffen

Als 1981 in Berlin die erste große pfingstkirchlich-charismatische Veranstaltung im deutschsprachigen Raum im Olympiastadion angekündigt wurde, gab es eine kirchengeschichtlich höchst seltene Situation: Die evangelische Landeskirche, die Freikirchen, das katholische Bistum, die Evangelische Allianz und die Kirchenpresse – also alle – wandten sich gegen das Treffen: Es sei theologisch einseitig, spalte die Christen und verführe sie.

Statt des vom Initiator, Pastor Volkhard Spitzer, in einer Vision angekündigten «vollen Stadions» (78.000 Plätze) kamen tatsächlich laut Polizei nur etwas mehr als 30.000 Besucher. Ich war im Stadion als (lutherisch orientierter) Journalist dabei und schrieb gegen den Trend, dass ich das Treffen trotz mancher Mängel als insgesamt vorbildlich erlebt hatte. Denn der hoch umstrittene Spitzer ging als Redner im Stadion nicht – wie menschlich verständlich gewesen wäre – zum Gegenangriff über, sondern forderte zum Gespräch und zur Versöhnung auf.

Noch mehr überzeugte mich, dass Spitzer in dem Brief an die etwa tausend Personen, die dem Aufruf im Stadion folgten, mit Christus ein neues Leben anzufangen, weder um Spenden warb noch auf sich oder seine Gemeinde – das Christliche Zentrum Berlin – hinwies. Das Schreiben enthielt stattdessen eine Anleitung zum Bibelstudium. Wer Christ geworden sei, solle – so Spitzer – in bestehende Gemeinden gehen.

Ein weiterer Beleg dafür, ich sei wohl Pfingstler geworden und würde auch in Zungen reden, ist dann ein Kommentar zum bis dahin größten Ökumene- und Charismatikertreffen in Europa in Straßburg gewesen. Dort trafen sich Pfingsten 1982 rund 20.000 Protestanten, Katholiken und Orthodoxe. Für mich ist es ein Treffen gewesen, in dem allein Jesus Christus im Mittelpunkt stand.

Die Überwindung einer Spaltung: Das Jahrhundertereignis

Mittlerweile hat sich das Verhältnis zwischen Pietisten und Pfingstlern bzw. Charismatikern so positiv entwickelt, dass sie manche evangelikale Organisationen bereits dominieren. Zur Überwindung der theologischen Spaltung haben vor allem zwei Jahre dauernde Gespräche zwischen der Deutschen Evangelischen Allianz unter Leitung von Prof. Rolf Hille und dem Bund Freikirchlicher Pfingstgemeinden unter Vorsitz von Präses Ingolf Ellßel beigetragen, die 1996 in eine gemeinsame Erklärung mündeten. Darin betonen die Pfingstler, sich uneingeschränkt zur Glaubensbasis der Allianz (faktisch der evangelikalen Theologie) zu bekennen. Gleichzeitig bedauern sie, dass spektakuläre Erscheinungen in ihren Reihen zu Verwirrung und zu Spaltungen beigetragen hätten. Die Allianz ihrerseits stellt fest, dass sich die Situation in den deutschen Pfingstgemeinden seit der Krise Anfang des 20. Jahrhunderts grundlegend geändert habe. Deshalb sei eine Zusammenarbeit möglich.

Zu Recht hat man diese Erklärung, an der auch der Präses des Evangelischen Gnadauer Gemeinschaftsverbandes, Christoph Morgner (er war Nachfolger von Präses Heimbucher), mitwirkte, als «Jahrhundertereignis» gewürdigt.

Fehlentwicklungen: Falsche Prophetien und nicht eintretende Heilungen

Ich selbst beobachte freilich in manchen charismatischen Kreisen besonders im freikirchlichen Bereich mittlerweile einige Fehlentwicklungen. Beispielsweise groß angekündigte Prophetien, die sich – Gott sei Dank – nicht erfüllten.

So prophezeite ein führender charismatischer Baptist 2005, anarchistische Zustände würden in Deutschland zunehmen.

Ein Missionswerk, das sich auf die Endzeit und Israel konzentriert, verkündete 1970 als Prophetie, Deutschland werde nicht wiedervereinigt werden. Die deutsche Teilung sei ein Gericht Gottes. Auch stehe das Ende der Welt «unmittelbar bevor».

1994 breitete sich von einer charismatischen Gemeinde in der kanadischen Metropole Toronto die Bewegung des sogenannten «Toronto-Segens» aus. Christen fielen zu Boden, lachten, weinten, schrien unkontrolliert. Dabei wurde die prophetische Erwartung geäußert, dass es zu einer weltweiten Erweckung kommen werde. Aus aller Welt besuchten daraufhin Tausende (auch aus dem deutschsprachigen Raum) Toronto, um «den Segen nach Hause mitzunehmen».

Von einer Erweckung ist in Toronto nichts übriggeblieben. Ein Jahr später war alles vorbei.

Das Drama um den zehnjährigen Mirco

Manche falschen Prophetien führten geradezu dramatisch in die Irre. Als 2010 der zehnjährige christliche Junge Mirco verschwand, dessen Eltern zu einer Pfingstgemeinde in Krefeld gehörten, traten mehrere sogenannte «Propheten» auf. Sie erklärten, der Junge werde bald wieder nach Hause kommen. Da war er längst tot.

Hochproblematisch sind auch die zahllos gewordenen Heilungszusagen. Da sie meist nicht eintrafen, haben nicht wenige Betroffene und ihre Angehörigen sogar den Glauben an Gott verloren. Das habe ich mehrfach erlebt. Auch berichten es immer wieder christliche Ärzte und Psychologen.

Bei Teilen der charismatischen bzw. der pfingstkirchlichen Bewegung besteht leider die Gefahr, dass man sich mehr auf religiöse Erlebnisse und Gefühle verlässt als auf das Wort Gottes – genauso wie es weithin bei einer liberalen Theologie üblich ist. Aus diesem Grund habe ich mich mit den Aussagen in der Bibel zum Heiligen Geist näher befasst. Worum geht es also bei dieser dritten Person der Dreieinigkeit neben Gott Vater und Gottes Sohn?

Was geschah eigentlich vor rund 2.000 Jahren?

An Pfingsten vor rund zwei Jahrtausenden kam der Heilige Geist über etwa 120 Nachfolger Jesu, was der Evangelist Lukas in der Apostelgeschichte 2,1–18 spannend beschrieben hat:

«Und als der Pfingsttag gekommen war, waren sie alle an einem Ort beieinander. Und es geschah plötzlich ein Brausen vom Himmel wie von einem gewaltigen Wind und erfüllte das ganze Haus, in dem sie saßen. Und es erschienen ihnen Zungen zerteilt, wie von Feuer; und er setzte sich auf einen jeden von ihnen, und sie wurden alle erfüllt von dem Heiligen Geist und fingen an, zu predigen in anderen Sprachen, wie der Geist ihnen gab auszusprechen …»

Wer an Pfingsten traditionelle Gottesdienste besucht, wird dort vermutlich nur wenige be-geist-erte Gesichter sehen. Vor zwei Jahrtausenden ging dagegen, wie man in der jüngeren Generation sagt, «die Post ab». Manche Christen mögen sich fragen: Warum passiert das eigentlich heute nicht? Warum geschieht es nicht wenigstens einmal in meiner Gemeinde? Ein verständlicher Wunsch!

Das schwierigste Fest der Christenheit?

Nach Umfragen können die Bürger mit keinem kirchlichen Fest so wenig anfangen wie mit Pfingsten, obwohl es sich immerhin um den Geburts-Tag aller Kirchen handelt.

Die Geburt Jesu – also Weihnachten – zu verstehen, erscheint nicht als Problem. Karfreitag – da denken schon viele: «Es ist zwar schade, dass es so endete, aber das ist ja bekannt.» Ostern, da wird es schon viel problematischer, denn außer Jesus ist eben keiner auferstanden. Himmelfahrt, das läuft in den Medien nur noch als «Vatertag». In der ehemaligen DDR spricht man vom «Herrentag». Das trifft es (ungewollt) immerhin noch besser, versteht man unter «Herrn» tatsächlich Jesus Christus. Auf die Idee kommen freilich nur Christen. Wenn überhaupt, können das Fest aber viele nur noch unter dem Gesichtspunkt sehen: «Wo sollte Jesus denn anders hin als in den Himmel?» – Aber Pfingsten, das gilt auch unter Christen als ein schwieriges Fest.

Pfingsten und die Pfingst-Bewegung

Pfingsten ist in der Kirchengeschichte nie groß begangen worden. Das änderte sich erst etwas, als vor über hundert Jahren das Fest durch die neue, immer stärker werdende Pfingstbewegung an Bedeutung gewann. Heute sind die Pfingstkirchen die zahlenmäßig stärkste evangelische Konfession. Zu ihr zählen sich rund 250 Millionen Menschen.

Die Christenheit betet dreigeteilt

Trotz des Aufkommens der Pfingstbewegung wird zumindest im deutschsprachigen Raum das Thema Heiliger Geist meist gemieden. Man kann geradezu die Christenheit so einteilen: Die Liberalen betonen meist Gott, den Vater und den Schöpfer. Für die Pietisten (bzw. Evangelikalen) gibt es eigentlich nur Jesus. Viele verstehen gar nicht, warum man da eigentlich noch den Heiligen Geist braucht. Für Pfingstler und Charismatiker wiederum ist der Heilige Geist die entscheidende Kraft bzw. Person der Dreifaltigkeit Gottes.

Zu wem beten wir eigentlich?

Entsprechend beten liberale Christen mehr zu Gott, dem Vater; Pietisten zu Jesus; und Charismatiker bzw. Pfingstler oft zum Heiligen Geist. Nach christlichem Verständnis dürfen alle drei Personen Gottes angebetet werden – gehören sie doch zusammen. (Wobei im Neuen Testament von niemandem berichtet wird, der zum Heiligen Geist gebetet hat. Der Normalfall nach dem Johannes-Evangelium 16,13–14 ist, dass der Heilige Geist Anbetung bewirkt.)

Den drei göttlichen Personen ist das Dreifaltigkeitsfest (oder Trinitatis) gewidmet. So wird im Kirchenjahr das Fest am Sonntag nach Pfingsten genannt: Dank des Vaters gibt es den Sohn – dank des Sohnes haben wir Zugang zum Vater – und dank des Heiligen Geistes sind Vater und Sohn unter uns gegenwärtig. Denn seit seiner Himmelfahrt sitzt der Sohn zur Rechten des Vaters.

Wir bekennen entsprechend in dem allen Kirchen gemeinsamen Apostolischen Glaubensbekenntnis: «Von dort wird er kommen, zu richten die Lebenden und die Toten.» Alle seine Verheißungen wie «Ich bin bei euch alle Tage …» (Matthäus 28,20) erfüllt Jesus durch den Heiligen Geist.

Was machen eigentlich Vater, Sohn und Heiliger Geist?

Die alte Kirche hat den einzelnen Personen der Trinität verschiedene Werke zugeordnet: dem Vater die Schöpfung, dem Sohn die Erlösung und dem Heiligen Geist die Heiligung bzw. die Neuschöpfung. Da für uns als Christen alle drei Werke wichtig sind und zusammengehören, wird gleich zu Beginn vieler Gottesdienste erklärt: Diese Feier finde statt «im Namen des Vaters und des Sohnes und des Heiligen Geistes».

Christen beten deshalb nicht zu drei Göttern, wie es uns Muslime kritisch vorhalten, sondern immer nur zu dem einen Gott, der sich aber entfaltet in Vater, Sohn und Heiligem Geist. Wenn von Gott zu Beginn der Bibel geschrieben steht: «Lasst *u n s*

Menschen nach unserem Bild machen» (wie es in 1. Mose 1,26 zu lesen ist), dann waren eben Vater, Sohn und Heiliger Geist an der Schöpfung beteiligt.

Die Orange und die Trinität

«Wie furchtbar kompliziert!» – so denken auch manche Christen. «Geht es nicht einfacher?» Leider nein! Man kann die Trinität freilich nur in Bildern anschaulich machen, die natürlich alle auch etwas hinken.

Im Folgenden dieser Versuch, den ich einmal in einer Bibelauslegung las: Die meisten von uns essen gerne eine Apfelsine. Schon beim Schälen verströmt sie einen Duft, der uns das Wasser im Munde zusammenlaufen lässt. Wo Duft ist, da ist Schale. Und wo Schale ist, da ist Fruchtfleisch. Apfelsine – das ist die Einheit von Schale, Duft und Fruchtfleisch. Nur alle drei machen Apfelsine aus. Aber jedes Element hat eine andere Funktion.

Warum ist die Trinität überhaupt wichtig?

Warum ist die Trinität wichtig? Dazu ein Beispiel: Es gibt Katastrophen, für die Menschen nichts können – wie beispielsweise Erdbeben oder verheerende Wirbelstürme. Wenn Gott nun allmächtig ist (und das ist er), dann hat er eine solche Katastrophe zumindest nicht verhindert. Wir erleben dann eine Seite unseres Gottes, die viele gern verdrängen (oder nicht wahrhaben wollen): Gott kann auch völlig unbegreiflich sein, so dass wir uns geradezu ohnmächtig fühlen vor Hilflosigkeit. Da können wir uns dann nur zu Gott, dem Sohn, retten, der uns seine ganze Liebe bis in den Tod hinein gezeigt hat. Und da kann man nur Trost erhalten bei Gott, dem Heiligen Geist, der uns als Beistand – in der Lutherübersetzung auch «Tröster» genannt – gesandt ist (Johannesevangelium 14,26).

Wie erhalte ich den Heiligen Geist?

Laut Neuem Testament hat jeder Christ den Heiligen Geist in sich. Und wie erhalte ich ihn? In der Apostelgeschichte heißt es: «Tut Buße und lasst euch taufen auf den Namen Jesu Christi zur Vergebung der Sünden. So werdet ihr die Gabe des Heiligen Geistes empfangen» (Apostelgeschichte 2,38).

Wenn ein Mensch eine Lebenswende vollzieht, sich also abkehrt von einem gottlosen Leben und sich hinwendet zu Christus, empfängt er den Heiligen Geist (Römerbrief 8,9). Es bedarf hier keiner spektakulären Aktionen. Christen sollten sich deshalb nicht selbstquälerisch die Frage stellen: Habe ich nun den Heiligen Geist oder nicht? Wenn ich mich zu Jesus Christus bekehrt habe, habe ich ihn!

Was passiert durch den Heiligen Geist?

Durch ihn erhalte ich eine neue Identität. Ich bin jetzt nicht mehr nur wie alle Menschen ein Geschöpf Gottes, sondern ich bin ein Kind Gottes. Im Neuen Testament wird das als Wiedergeburt bezeichnet (Galaterbrief 3,2.14; Epheserbrief 1,13).

Jesus sagt seinen Jüngern: «Ihr werdet die Kraft des Heiligen Geistes empfangen und werdet meine Zeugen sein» (Apostelgeschichte 1,8). Der Heilige Geist bewirkt also Mitarbeiter in unseren Gemeinden. Denn als Christen sind wir Zeugen dafür, dass Gott existiert. Da ist übrigens mit keinem Wort von zuvor notwendiger theologischer Ausbildung die Rede. Es heißt schlicht: «Ihr werdet sein.»

Auch von Erfolg wird da nicht gesprochen. Jesus sagt nicht: «Werdet Christenmacher», sondern etwa so: «Werdet Zeugen, sprecht von mir! Der Heilige Geist kann dann etwas daraus machen.» Er ist es, der zum Glauben führt – nicht unsere Predigt, nicht unser missionarisches Gespräch und auch nicht unsere Gemeinde.

Nach evangelistischen Veranstaltungen sagen Mitarbeiter oft enttäuscht: «Es ist niemand Christ geworden!» Das klingt wie eine Selbstanklage nach dem Motto: «Was haben wir wohl falsch gemacht?» Vermutlich nichts. Denn niemand ist imstande zu bekennen: «Jesus ist der Herr!» – außer durch den Heiligen Geist (1. Korintherbrief 12,3, Johannesevangelium 3,27).

Der Heilige Geist erklärt die Bibel

Es ist auch der Heilige Geist, der mir das Wort Gottes erklärt. Ohne den Heiligen Geist könnte ich zwar viel Wissen über die Bibel zusammentragen, aber ich würde oft nicht verstehen, was Gott mir damit sagen will. Manche Christen wundern sich, dass Nichtchristen einfach nicht erkennen wollen, dass sie Sünder sind, obwohl sie es ihnen doch manchmal massiv vorgehalten haben. Doch auch diese Erkenntnis muss jedem der Heilige Geist deutlich machen: Es gibt etwas, was mich von Gott trennt.

Die christliche Botschaft ist unbegreiflich

Christen denken oft, ihre Botschaft sei doch so einleuchtend, dass sie eigentlich jeder schnell kapieren müsste. Doch das können wir nur deshalb sagen, weil wir schon mit Gott Erfahrungen gemacht haben. Tatsächlich aber ist unsere Botschaft für Heiden logisch nicht erklärbar. Der atheistische «Spiegel» hatte recht, als er 2019 in seiner Ausgabe zu Ostern titelte: «Wer glaubt denn so was?» Wer kann auch schon begreifen, dass Gottes Sohn für unsere Schuld am Kreuz elendiglich sterben musste? Deshalb schreibt ja auch Paulus: «Das Wort vom Kreuz ist für Heiden eine Torheit» (1. Korintherbrief 1,18). Das im Griechischen hier gebrauchte Wort kann auf Deutsch auch heißen: einfältig, oder: dumm. Es klingt hart, aber es stimmt: Das, was wir vertreten, klingt für Nichtchristen einfältig oder dumm. Unsere Botschaft stößt deshalb oft auf Unverständnis, ja Ablehnung. Nur der Heilige Geist kann eben die Herzen unserer Mitmenschen für das Evangelium öffnen. Wir aber können sie dafür durch unsere Worte und unser ganzes Leben «erwärmen»!

Wenn 2 × 2 = 5 sein soll

Man könnte unsere Situation auch einmal so vergleichen: Eine riesige Menschenmenge läuft hinter einem Plakat her, auf dem steht: «2 × 2 = 5». Ein Einziger steht ganz einsam mit einem Schild daneben, auf dem steht: «2 × 2 = 4». Die Masse hält ihn für dumm. Wir wissen, dass er recht hat.

Anders ausgedrückt: Wir wissen, dass Jesus Christus der Weg, die Wahrheit und das Leben ist. Die anderen wissen es nicht. Deshalb müssen wir Gott bitten, dass sie es erkennen. Denn der Heilige Geist will, dass das Evangelium zu allen Menschen kommt. Wir sind nun dafür verantwortlich, dass möglichst viele das Evangelium hören können. Dem muss unser ganzer Einsatz gelten! Hier könnte unser Gebet so lauten: «Hilf uns, Heiliger Geist, dass wir deinem Wirken nicht im Wege stehen!»

Wie wird man «voll» des Heiligen Geistes?

Reicht nun für unsere Aufgaben als Christen der Heilige Geist, den wir bei unserer Entscheidung für Christus bekommen haben? Es scheint ja ein «Mehr» zu geben. Denn Paulus schreibt: «Lasst euch vom Geist erfüllen!» (Epheserbrief 5,18). Wie aber werde ich denn noch mehr vom Geist erfüllt? Das könnte beispielsweise durch intensives Gebet geschehen. Das zeigen die Berichte der Apostelgeschichte. Und die Auswirkungen werden auch geschildert: Der zuvor feige Petrus stellt sich nach Gebet öffentlich auf den Marktplatz von Jerusalem und bezeugt seinen Glauben. Eine andere Möglichkeit ist, Buße zu tun, wovon die Offenbarung des Johannes (3,19.22) berichtet.

Was der Heilige Geist bewirkt

Damit wir als Christen unseren Glauben bestmöglich leben können, will der Heilige Geist aus Einzelkämpfern eine Mannschaft machen – beispielsweise ein Mitarbeiterteam in einer Gemeinde. Anders ausgedrückt: Gottes Geist kann aus einer Handvoll

Schrauben und ein paar Brettern ein stabiles Regal machen. Bleibt es bei Schrauben und ein paar Brettern, liegt es manchmal daran, dass wir uns über einzelne Aspekte des Heiligen Geistes zerstreiten.

Und wie ist es mit der «Geistestaufe»?

Brauche ich nun die sogenannte Geistestaufe, also ein zweites Erlebnis nach der Bekehrung? Benötige – wie es in vielen Pfingstkreisen gefordert wird – ich sie, um erfüllt zu werden mit dem Geist Gottes? Die Antwort kann nur lauten: «Ich brauche nicht nur ein zweites Erlebnis, sondern viele, denn ich muss immer wieder neu erfüllt werden mit Gottes Geist.» Darum muss ich jeden Tag bitten. Deshalb lautet eines der ältesten Gebete der Christenheit: «Komm, Heiliger Geist, erfüll' die Herzen deiner Gläubigen!»

Das heiße Thema «Zungenrede»

Ein weiteres Streitthema ist die «Zungenrede» – das Reden in fremden Sprachen. Es ist im Neuen Testament kein zentrales Thema (unter anderem Apostelgeschichte 2,1–4; 10,46; 1. Korintherbrief 12–14). Die Glossolalie – wie die Zungenrede genauer bezeichnet wird – wurde in einer neutestamentlichen Gemeinde geübt, in anderen nicht. Sie ist also keineswegs ein Muss. Wer sie hat, soll sich freuen – wer sie nicht hat, darf ebenfalls fröhlich sein.

Kann man den Heiligen Geist auch verlieren?

Kann man nun den Heiligen Geist auch verlieren? Viele Christen vertreten die Meinung: «Einmal gerettet – immer gerettet!» Zunächst: Jesus verheißt, dass niemand seine Leute aus seiner Hand reißen kann. Aber nur, wenn wir das auch wollen! Denn es gibt Gottes Kinder, die wollen nicht mehr Gottes Kinder sein. Und hier findet sich das harte Wort von der Lästerung gegen den Heiligen Geist, die nicht vergeben werden kann (Matthäusevangelium 12,31–32). Es ist vermutlich die Sünde gemeint, dass ich mich bewusst gegen Gott entscheide, obwohl ich ihn bereits erfahren habe. Nicht irgendein Versagen, keine Einzelsünde vermag uns von Gott zu trennen, sondern nur ein Widerstand gegen Gott an sich!

Pfingsten gibt es Dynamit

Es gibt kein größeres Geschenk als den Heiligen Geist. Er ist die «Kraft aus der Höhe», im Griechischen *dynamis.* Davon kommt auch das Wort Dynamit. Und ein kleines Quantum Dynamit kann Felsen sprengen. Je mehr wir uns in die Nähe Gottes begeben (Jakobusbrief 4,8), desto mehr werden wir auch die Kraft aus der Höhe erleben. Und deshalb dürfen wir uns an Pfingsten in besonderer Weise freuen, weil wir wissen dürfen: Der Heilige Geist ist stärker als alle anderen Geister dieser Welt, die uns bedrängen – stärker auch als jeder Zeitgeist.

Bevor wir die Augen schließen

Beginnen wir deshalb jeden Tag in unserem Leben als Christen im Vertrauen darauf, dass Gottes Geist unser Leben führt. Sagen wir ihm auch, dass wir uns das wünschen. Und danken wir vor dem Schlafengehen für jede konkrete Führung, die wir mit dem Geist Gottes erlebt haben. Manchmal kann es sogar gut sein, es aufzuschreiben. Das kann dann in Zeiten trösten, in denen man meint, der Heilige Geist habe einen verlassen.

9.
Christsein:
Vom Segen der Enttäuschungen

GOTT KANN NICHT ENTTÄUSCHEN. In meinen über 50 Jahren als Christ habe ich mindestens ebenso viele enttäuschte wie glückliche Mitchristen erlebt. Merkwürdigerweise traf ich besonders dort, wo es noch relativ viele Christen gibt, weniger zufriedene als in heidnischen Regionen. Ich wohnte in Baden-Württemberg, Berlin, Hamburg, Hessen, Niedersachsen und Nordrhein-Westfalen. Jetzt lebe ich in dem Mutterland Preußens, in Brandenburg – habe also in Ost wie West, Nord wie Süd gewohnt. Oft habe ich mich gefragt, warum sich Christen so massiv streiten und sich doch nicht trauen zu sagen, was sie wirklich denken und empfinden. Nur unter Christen höre ich so häufig: «Ehrlich gesagt, meine ich …» Lügen sie denn sonst? Kurzum: Ich habe unter Heiden vielfach weniger Stress, mehr Offenheit und Gelassenheit sowie Lebensfreude erfahren.

Ich sehe eine wesentliche Ursache für viele Enttäuschungen unter uns Christen, dass einzelne Worte, Sätze oder Abschnitte aus der Bibel herausgepickt werden und so ein einseitiges Bild von Gott, seinem Sohn und dem Heiligen Geist entsteht. Zusammenhänge werden oft nicht beachtet. Statt den ganzen Text in den Blick zu nehmen, nimmt man nur einzelne Worte. Auch sollte man – wie Jesus selbst es in der Bergpredigt tut – bedenken, dass das Neue Testament eben das Neue ist (Matthäusevangelium 5). Vieles, was im Alten Testament für das jüdische Volk verbindlich war (Speisevorschriften, Strafandrohungen durch Steinigung, Sklavenhaltung usw.), ist eben für Christen nicht mehr gültig.

Wenn man die Bibel aufschlägt …

Mir wurde eine Anekdote erzählt, die Christen charakterisiert, die einfach die Bibel aufschlagen, um durch das, was sie gerade lesen, Weisung zu empfangen. Da schlug einer die Bibel auf, und sein Blick fiel auf den Vers: «Und Judas ging davon und erhängte sich» (Matthäusevangelium 27,5). Der Christ war irritiert, machte einen zweiten Versuch. Da sprang ihm die Stelle ins Auge: «Geh hin und tu desgleichen» (Lukasevangelium 10,37). Er wurde ganz unruhig, wagte aber dann doch einen dritten Versuch und las: «Was du tust, das tue bald» (Johannesevangelium 13,27).

Fortan las er die Bibel im Zusammenhang. Das empfehle auch ich, weil nur das davor bewahrt, einseitig zu werden und zu urteilen. Beispiel: die Jahreslosung. Sie wird von der Ökumenischen Arbeitsgemeinschaft für Bibellesen ausgewählt – also von Repräsentanten aus Landes- wie Freikirchen und der römisch-katholischen Kirche. «Suche Frieden und jage ihm nach» (Psalm 34,15b) lautet die Losung für 2019. Mein erster Gedanke: Was für banale Worte! Wem sollen solche Allerweltsworte denn helfen? Wer will denn keinen Frieden? Was könnte ich denn zum Frieden beitragen?

Solche Jahresworte müssen kurz sein, sollten aber nicht ratlos machen. Warum hat man nicht wenigstens auch den ersten Teil des Verses mit gewählt: «Lass ab vom Bösen und tue Gutes.» Erst so wird eine Voraussetzung für Frieden deutlich! Doch auch mit diesem Zusatz könnte dieses kirchliche Jahreswort aus vielen säkularen, atheistischen Werken entnommen worden sein. In der Heiligen Schrift aber ist von Frieden fast immer nur mit Bezug auf Gott die Rede. Jesus Christus sagt: «Ich gebe euch Frieden» (Johannesevangelium 14,27). DAS wäre eine christliche Jahreslosung.

Ich habe gute Erfahrungen mit der sogenannten Jahres-Bibel gemacht: Jeder Tag enthält Teile aus dem Alten und Neuen Testament, und nach 365 Tagen hat man die ganze Bibel durch. Ich staune bis heute, dass ich immer wieder so viel Neues entdecke, teilweise erstmalig Dinge verstehe. Ich bin also ein Fan des Ganze-Bibel-Lesens!

Wenn ich immer wieder versage

Ich weiß nicht, wie es anderen an Silvester geht. Ich jedenfalls habe mir viele Jahre aufgeschrieben, was ich alles im neuen Jahr nicht mehr machen möchte. Das Ergebnis bei mir war schon nach wenigen Tagen so wie – laut Umfragen – bei 90 Prozent aller Mitbürger auch: Ich kann mich nicht auf mich verlassen.

Wenn es um den Bauchumfang geht, ist das auch nicht weiter tragisch. Schlimmer ist es bei offensichtlichen Sünden. Da nimmt sich jemand vor: Ich will jeden Sexklick im Internet meiden, bei Intrigen nicht mehr mitmachen und auch bei der Steuererklärung stets ans Jüngste Gericht denken.

Und dann stellt er auch hier fest, was der Apostel Paulus so beschreibt: «Das Gute, das ich will, das tue ich nicht, sondern das Böse, das ich nicht will, das tue ich» (Römerbrief 7,19).

Wie werden mir solche Erfahrungen zum Segen?

Eines ist klar: Ich soll nicht sündigen! Und wenn es doch passiert? Christus wäre umsonst ans Kreuz gegangen, wenn ich dann nicht immer wieder in Anspruch nähme, was der christliche Glaube bietet: einen Neuanfang – dank der Vergebung. Der Reformator Martin Luther (1483–1546) sagte einmal: «Jeder Tag ist Bußtag.» Jeden Morgen muss ich neu umkehren zu meinem Herrn mit der bewussten Entscheidung: «Auch dieser Tag soll dir gehören.» Und jeden Abend habe ich die Möglichkeit, reinen Tisch zu machen: «Herr, das habe ich falsch gemacht, da habe ich gesündigt. Es tut mir leid. Ich will es nicht wieder tun. Bitte vergib mir!» Und er tut es!

In den letzten Jahren wurde viel über die Macht des Internets berichtet: Es deckt Fälschungen auf, Stellen in Doktorarbeiten, die man nicht selbst verfasst hat. Minister stürzen darüber, Ehen gehen auseinander – wenn Internetpornos im Spiel sind. Das große Problem: Das Internet vergisst eben nie! Gott aber bekennt: Mit der Beichte vergesse ich!

Das ermöglicht keine andere Religion! Es gäbe sicher mehr fröhliche Christen, nähmen sie dieses Wellnessprogramm für die Seele in Anspruch – nämlich sich ihre Sünden vergeben zu lassen, vor allem in der Beichte. Denn wir haben die großartige Zusage: «Wenn wir aber unsre Sünden bekennen, so ist Gott treu und gerecht, dass er uns die Sünden vergibt und reinigt uns von aller Ungerechtigkeit» (1. Johannesbrief 1,9).

Wenn ich mich auf Methoden verlasse

Wenn ich mich nun nicht auf mich selbst verlassen kann, dann doch hoffentlich auf Methoden à la Mose, Abraham und andere Glaubenshelden. Das jedenfalls schlagen zahlreiche Bücher vor, wie: «Die Moses-Methode» oder «Jesus für Manager». Da gibt es Missionsprojekte, die versprechen: Nur «leichte» Korrekturen in einer Gemeinde brächten schon eine große Seelenernte. Der Wunsch danach ist ja auch verständlich, denn die Zahl der Gemeinden und ihrer Mitglieder sinkt. Deshalb möchte man sich auf Methoden verlassen, damit mehr Menschen Christen oder Betriebe von Christen erfolgreicher werden. Das gelingt sogar in einzelnen Fällen. Aber was ist, wenn alles danebengeht?

Sie verloren ihr Geld

Über 700 Christen, die es besonders ernst meinen, vertrauten geistlichen Leitern rund 15 Millionen Euro an, hatten die ihnen doch gesagt: «Wir haben eine Methode, bei der nicht nur eine Menge Geld für euch herausspringt, sondern auch für die Mission.» Die Folge der falschen Versprechungen vor allem in baptistischen russlanddeutschen Kreisen war, dass diese Christen sehr viel Geld verloren, manche alles. Hier ging es eben nicht in erster Linie um Mission, sondern um das, was Paulus so beschreibt: «Geldgier ist eine Wurzel alles Übels» (1. Timotheusbrief 6,10).

Der Verstand ist die normale Gabe Gottes

Ein anderes Beispiel: Mitarbeiter eines großen, aber finanziell angeschlagenen Verlages vertrauten ihren neuen, extrem charismatischen Inhabern, erklärten die ihnen doch: «Wir haben die Vision von Gott, dass jetzt alles besser wird. Jeder behält seinen Arbeitsplatz.» Tatsächlich verloren ihn bald alle 78, was dem Ansehen der Christen dort, wo es in Deutschland passierte, schwer geschadet hat.

Das sind zweifelsohne Ausnahmen. Bei ihnen wurde vergessen: Nicht die Vision, sondern der Verstand ist die normale Gabe Gottes. Und wenn die Vision dem Verstand widerspricht, sollte sie von nüchternen Christen geprüft werden – nach dem Motto: «Habe Mut, dich eines anderen Verstandes zu bedienen, wenn du wenig davon hast.»

Auch fromme Methoden können keine Erweckung bewirken

Doch es gibt natürlich auch begrüßenswerte Methoden wie Willow Creek aus den USA. Diese Bewegung motiviert beispielsweise dazu, Gottesdienste freundlicher zu gestalten und sich mehr um Kirchenferne zu bemühen. Vermutlich gäbe es ohne die Befolgung dieser Ratschläge noch weniger Christen in Deutschland. Doch trotz Schulung von Zehntausenden ist eine

Erweckung bisher ausgeblieben – auch in den USA, wo Willow Creek sogar eine große Krise durchlebt. Viele Christen sind eben enttäuscht, wenn trotz toller Predigten sowie eines unterhaltsamen Programms mit Pantomime, Film und Musik der eingeladene Gast zum Schluss nur meint: «Es war ganz nett, aber es sagt mir nichts.»

Wie werden mir die Enttäuschungen über Methoden zum Segen?

Indem ich ernst nehme, was das Neue Testament über unsere Aufgaben sagt. Als Christen sollen wir auf der einen Seite unser Bestes geben: privat, beruflich, in der Gemeinde. Denn wir werden einmal von Gott danach gefragt, was wir aus den Gaben gemacht haben, die er uns gegeben hat. Und hier ist ausdrücklich von dem Lohn die Rede, den wir dafür empfangen (Offenbarung des Johannes 22,12). Also: Das Beste für den Besten!

Auf der anderen Seite können wir auch durch noch so großes Engagement keinen Menschen bekehren. Jesus sagte zu seinen Jüngern nicht: «Seid Christenmacher», sondern: «Seid Zeugen, sprecht von mir! Seid Menschenfischer, indem ihr allen meine Botschaft weitersagt!» (beispielsweise Matthäusevangelium 10,32f). Der Heilige Geist kann dann etwas daraus machen. Er ist es, der zum Glauben führt. Wenn mir das bewusst ist, brauche ich nicht enttäuscht zu sein, wenn das Echo mager ist. Das ist bei allem Einsatz eine große Entlastung!

«Erfolg» kommt im Neuen Testament nicht vor

Das Wort Erfolg kommt jedenfalls im Neuen Testament nicht vor. Stattdessen ist von Frucht die Rede. Als Erfolg könnte man bezeichnen, wenn ich beispielsweise in meinem Umfeld in einem Jahr dreißig Neue Testamente weitergereicht hätte. Von Frucht zu sprechen ist sinnvoll, wenn man an meinem Leben gemerkt hat, dass Botschaft und Botschafter zusammengehören und man sich dann für den christlichen Glauben interessiert.

Kann ich mich auf die christliche Verkündigung verlassen?

Zunächst: Es gibt gute Predigten! Die Zahl der Pastoren ist in der Minderheit, die das 7. Gebot missachtet: «Du sollst nicht stehlen» – nämlich auch nicht meine wertvolle Zeit am Sonntagmorgen durch langweilige Reden.

Doch wie kommt es, dass trotzdem so wenig passiert? Liegt es eventuell daran, dass sich das Verständnis von Gott geändert hat? Vor über hundert Jahren wurde noch häufig verkündet, Gott sei ein richtender, fordernder Gott.

Dann kann ich gleich Atheist bleiben

Inzwischen klingt vielfach das glatte Gegenteil an: Gott liebt jeden und er vergibt alles. Ich lud einen jungen atheistischen Freund zu einem evangelikalen Jugendgottesdienst ein. In der Predigt wurde genau das gesagt. Und seine völlig verständliche Reaktion: «Dann kann ich ja Atheist bleiben, wenn Gott mich liebt, egal was ich tue. Warum sollte ich mich dann eigentlich ändern?»

Und wenn Gott sowieso immer alles so schnell vergibt, warum sollte ich dann die nächste Sünde lassen?

Liegt es vielleicht an diesem Gottesbild, dass es so viele lasche Christen gibt und sich nur wenige für Christliches interessieren?

Wie wird mir nun diese Enttäuschung zum Segen?

Jeder Mensch glaubt an ein Leben nach dem Tode. Wir Christen schon vorher, die anderen erleben es nachher. Wir wissen, dass es nun einmal zwei Ausgänge gibt: Himmel oder ewige Verlorenheit. Jesus spricht hier auch mehrfach von «äußerster Finsternis» (etwa im Matthäusevangelium 8,12). Der Beginn der Evangelien könnte mit zwei Worten zusammengefasst werden: Tut Buße! Also: Kehrt um! Bleibt nicht, wie ihr seid. Jesus will, dass ich anders werde! Er liebt eben nicht die Sünde. Er will, dass ich in den Himmel komme. Also muss ich umkehren.

Und das ist oft schmerzhaft, kann es doch einen harten Bruch mit Freunden und Gewohnheiten bedeuten. Christ werden heißt eben nicht «Paradies sofort» – auch wenn wir gern schon jetzt in Halleluja-Stimmung wären. Im Neuen Testament aber wird uns vielfach Leid, Diskriminierung und Not prophezeit – eben das Kreuz zu tragen, wie Jesus sagt (Matthäusevangelium 10,38). Das erleben zurzeit weltweit über hundert Millionen Christen in islamischen, kommunistischen, hinduistischen (Indien) und buddhistischen Staaten (z. B. Nepal). Wer also die ganze Bibel ernst nimmt, kann auch hier nicht enttäuscht werden!

Können wir uns auf unsere Taten verlassen?

Jahrhundertelang galt die Verkündigung als entscheidend und die Tat als zweitrangig. Auch hier hat sich ein anderes Extrem herausgebildet nach dem Motto: «Es kommt alles auf die Tat an. Wir sind Gottes Hände.» Doch ist Gott tatsächlich von uns abhängig? Eine ökumenische Kommunität hat das Motto: «Rede nicht (von Christus), wenn du nicht gefragt wirst, aber lebe so, dass man dich fragt.» Das klingt gut und bringt Beifall.

Wir wären Heiden geblieben

Aber wenn die iroschottischen Mönche, die im 7. Jahrhundert das Evangelium nach Germanien brachten, so verfahren wären – also gewartet hätten, bis da mal eine Horde Germanen rüberkommt und nachfragt –, wären wir in Deutschland möglicherweise Heiden geblieben. Denn es ist leider oft so, dass nicht gefragt wird. Es wird einfach hingenommen, dass es eben auch gute Menschen gibt.

In Deutschland ist von den Kirchen auf sozialem Gebiet noch nie so viel getan worden wie gegenwärtig. Nie hat es so viele helfende Hände gegeben: 950.000 Mitarbeiter zählen allein Diakonie und Caritas. Die Kirchen stellen jedes dritte Krankenhaus, jeden zweiten Kindergarten und die meisten Entwicklungshelfer wie Hilfsorganisationen. Wie sähe es wohl aus ohne all diese Hilfe!

Doch trotz all der vielen sozialen Taten sinkt die Zahl der Kirchenmitglieder wie der bekennenden Christen.

Wie kann mir hier Enttäuschung zum Segen werden?

Indem ich mir bewusst mache: Soziales tun auch andere. Es gibt auch viel gottlose Barmherzigkeit. Nur wir Christen können eben Christus ins Spiel bringen. Und wenn wir überzeugt sind, dass seine Botschaft für alle Menschen wichtig ist, dann kann sie auch durch die liebevollste Tat nicht ersetzt werden. Beides gehört deshalb zusammen: Evangelisation und Diakonie, Soziales und Verkündigung. Lieber auf ein christliches Krankenhaus verzichten, wenn es keine bewusst christlichen Mitarbeiter gibt, als Patienten enttäuschen, die darauf hofften, dass praktiziert wird, was als Name am Eingang steht.

Kann ich mich auf meine Mitchristen verlassen?

Es ist ein merkwürdiges Phänomen. Nach Umfragen – so die Unternehmensberatung McKinsey – geht es der Gesellschaft umso besser, je mehr Christen es gibt. Fromme Protestanten – laut der Untersuchung «Perspektive Deutschland» sind es die mit einer hohen Kirchenbindung – sind zufriedener, opferbereiter und setzen sich mehr für die Gemeinschaft ein als andere. Eigentlich müsste von daher der Staat Mission geradezu finanziell fördern, um seinen Schuldenberg abzubauen.

Die andere Seite ließ Bundeskanzlerin Angela Merkel (CDU) in einer Parteikonferenz 2010 mit Worten anklingen, die uns nachdenklich stimmen sollten: «Man darf Muslimen nicht vorwerfen, dass sie mit leuchtenden Augen über ihren Glauben sprechen, wir aber nicht in der Lage sind, mit noch leuchtenderen Augen von unserem Glauben zu reden.»

Warum leuchten unsere Augen so wenig? Warum leben eigentlich die glücklichsten Menschen – laut Glücksatlas – dort, wo es vermutlich die wenigsten bekennenden Christen gibt? In Schleswig-Holstein und Hamburg, wo zumindest der Gottesdienstbesuch äußerst gering ist (2,5 % an einem normalen Sonntag). Warum wirken wir als Christen häufig wie Leute auf dem Weg zum Zahnziehen? Warum verhalten sich Christen untereinander oft schlechter, als man es bei Heiden beobachten kann? Und dabei ist die Messlatte leider nicht selten: «Je frömmer, desto schlimmer.» Wie ist das zu erklären, dass die, die genau wissen, wie man in den Himmel kommt, so viel Hölle auf Erden verbreiten?

Deshalb die Frage: Wie können uns nun die Enttäuschungen, die wir uns untereinander bereiten, zum Segen werden?

Erstens: Indem wir uns nicht gegenseitig überfordern

Es gibt eine Tendenz in Predigten, die steilsten Thesen herauszustellen. Ich bin öfters von journalistischen Kollegen gebeten worden, sie zu trauen. Meine Reaktion: «Gerne, aber bitte nicht den dabei üblichen Bibeltext wählen: ‹Die Liebe erträgt alles, die Liebe deckt alles zu, die Liebe duldet alles›» (der Apostel Paulus im 1. Korintherbrief 13). Denn dieser Text überfordert jede Beziehung. Beim ersten Ehekrach würde sich dann die Frage stellen: Bin ich jetzt eigentlich noch Christ, weil ich so viel Liebe nicht aufbringen konnte? Warum wird nicht auch erwähnt, dass der große Paulus eben vieles nicht geduldet hat? Ja, er trennte sich sogar im Streit von einem Mitarbeiter (Apostelgeschichte 15,38–39). Er konnte sogar Mitchristen «verfluchen», die ein anderes Evangelium predigten, als sie einst empfangen hatten (Galaterbrief 1,9). Kein Pfarrer bliebe ohne harte Konsequenzen, würde er seinen Bischof «verfluchen», der ein anderes Evangelium verkündigt als das neutestamentliche (obwohl es leider solche Kirchenleiter gibt).

Auf der einen Seite wird gesagt: Jesus ist nicht nur wahrer Gott, sondern auch wahrer Mensch gewesen. Aber dann wird der Eindruck erweckt: Jesus war immer lieb und immer friedlich. Gott sei Dank stimmt es nicht! Sonst wäre Jesus eben nicht auch Mensch gewesen.

Jesus konnte – wie wir auch – unduldsam, ja harsch sein. Er hat sogar mit der Peitsche die Händler aus dem Tempel herausgetrieben (Johannesevangelium 2,13–25). Nach heutigen Gesetzen hätte er dafür eine saftige Strafe erhalten – vielleicht sogar von uns Christen. Jesus ist auch kein viele Männer und manche Frauen verschreckender «Softie», wie er in den meisten frommen Filmen dargestellt wird, so als ob er stets nur sanft, barmherzig und liebevoll geredet hätte. So wirft er mit harten Worten den Pharisäern vor, «voll von Gier und Schlechtigkeit» zu sein (Lukasevangelium 11,39f). Wer solche Worte heute gegenüber Mitchristen gebrauchen würde, flöge aus jeder Gemeindeleitung.

Es wird leider oft ein einseitiges Bild von biblischen Personen gezeichnet, so als seien sie unerreichbare moralische Vorbilder. Doch das Gegenteil ist ja der Fall:

Da ist Mose einerseits der beispiellose Führer seines Volkes aus der Sklaverei ins Gelobte Land. Andererseits schlug er einen Ägypter tot und würde heute auf Jahre ins Gefängnis kommen.

Da ist der große, vorbildliche Vater des Glaubens – Abraham. Seine andere Seite: Er log aus Feigheit (bezeichnete gleich zweimal seine Frau als Schwester) und wäre als Kirchenvorsteher jeder kleinen Gemeinde abgesetzt worden.

Und schließlich ist da der alle überragende Glaubensheld und König David. Doch auch er sündigte schwer und säße heute wegen Mordes viele Jahre im Knast. Und, und, und …

Wenn wir die Sünden, Schwächen und Fehler der Väter verschweigen, kann Verkündigung krank machen. Sie macht aber gesund, wenn wir deutlich sagen: Es gibt für jede Nullnummer, ja sogar für jeden Kriminellen eine Chance zur Umkehr!

Zweitens:
Jedes Schiff wird von Nieten zusammengehalten.
Auch das Schiff Gemeinde

In Gebetsgemeinschaften heißt es oft: «Herr, schenke doch unserem ganzen Land eine Erweckung. Mach doch, dass die gesamte Elite von dir ergriffen wird.» Natürlich könnte Gott das machen. Nur: Verheißen hat er es nicht!

Paulus schreibt über die Situation unserer Gemeinden: «Wo sind die Klugen? Wo die Meinungsführer? Wo die Spitzenkräfte dieser Zeit?» (1. Korintherbrief 1,20.26). Gott hat es offensichtlich so gewollt, dass sie weithin fehlen, damit sich keine Gemeinde rühmen kann: Wir sind toll, weil wir die Besten haben.

Unsere Gemeinde: ein einziges Krankenhaus

Tatsächlich zählen zu zahlreichen Gemeinden überdurchschnittlich viele, die nicht zur Elite gehören. Es gibt wahrscheinlich auch keine andere Institution, die seelisch Kranke derart anzieht wie die Gemeinde Jesu. Ich höre darüber manchmal ein Stöhnen: «Unsere ganze Gemeinde – ein einziges Krankenhaus.» Bibelkenner verwundert das nicht, schreibt doch Paulus, Gott habe ihm gesagt: «Denn meine Kraft ist in den Schwachen mächtig» (2. Korintherbrief 12,9). Gäbe es nur Starke, worum sollte man dann Gott noch bitten? Und wo wäre dann der Platz für die Schwachen? Wer würde sich denn der seelisch Kranken annehmen – abgesehen von Spezialkliniken für die schweren Fälle?

Wir könnten uns also viel Enttäuschung ersparen, wenn wir nicht einem Idealbild von Gemeinde folgen, das unbiblisch ist.

Christen leben nicht normal

Im Neuen Testament ist häufig vom Gegenspieler Gottes die Rede, dem Teufel. Sein größter Erfolg ist, dass selbst manche Christen glauben, es gäbe ihn gar nicht. Der Begriff Teufel bedeutet im Griechischen auch: Er ist ein Durcheinanderwerfer. Zu seinen Aufgaben gehört entsprechend, Christen durcheinanderzubringen. Bekommen wir deshalb nicht gleich Panik, wenn es kracht, sondern sehen wir es einmal ganz positiv: Nur da, wo Christen es ernst meinen, ist der Teufel in höchster Aufregung. Nur da wird wahr, was Paulus so beschreibt: «Wir haben nicht mit Fleisch und Blut zu kämpfen» – also mit üblichen menschlichen Auseinandersetzungen –, «sondern mit Mächten und Gewalten» (Epheserbrief 6,12).

Wir leben also als Christen nicht «normal», wie die Heiden es tun. Der Reformator Martin Luther (1483–1546) sagte einmal: «Wenn wir eine Kirche bauen, baut der Teufel eine Kapelle daneben.» Mit jedem Bekenntnis zu Christus springen wir dem Teufel ins Gesicht – und er springt zurück und sorgt für Streit. Wir werden nur dann dem Teufel den Sieg vermasseln, wenn wir uns bei Streitthemen fragen: Geht es hier ums Heil oder um Zweitrangiges? Zu den meisten Zerwürfnissen in der Kirchengeschichte kam es jedenfalls nicht, weil es um Himmel oder Hölle ging.

Einigkeit gibt es freilich nur dann, wenn allen bewusst wird: Entscheidend ist, dass wir uns in Wort und Tat zu Jesus Christus als unserm Herrn und Heiland (= Heilmacher) bekennen – nicht ob wir liegend, sitzend oder stehend beten, Lobpreismusik oder alte Choräle lieben, freie oder liturgische Gebete bevorzugen, als Säuglinge oder bereits Glaubende getauft werden, in einer Landes- oder Freikirche Mitglied sind, hetero- oder homosexuell, orthodox, katholisch oder protestantisch sind. Was die 1846 ins Leben gerufene Evangelische Allianz als Grundlage hat, formulierte bereits der Kirchenvater Augustin (354–430):

> «Im Wesentlichen Einheit,
> im Nebensächlichen Freiheit,
> in allem Liebe.»

Kann ich mich eigentlich auf Gott verlassen?

Für viele Christen ist schon die Frage gotteslästerlich. Doch in dem Buch, auf das wir uns gründen, kann sogar der Sohn Gottes seinen Vater verzweifelt fragen: «Warum hast du mich verlassen?» (Markusevangelium 15,34). In den Psalmen wird Gott mehrfach vorgeworfen: «Du kennst mich nicht mehr! Du überlässt mich meinen Feinden!»

Warum trauen sich trotzdem nur wenige, so zu beten, obwohl es ihre Erfahrung ist? Hängt es vielleicht mit einem Bild von Gott zusammen, das der berühmte Psalm 23 geprägt hat: «Der Herr ist mein Hirte, mir wird nichts mangeln»? Das hat der Beter in seiner Situation tatsächlich so erfahren. Aber Christen, die verfolgt werden oder schwerstkrank sind, erleben Mangel.

Es hat mich tief erschüttert, als ich eine sterbende Bekannte auf einer Intensivstation in Hannover besuchte. In den zwei Stunden, wo ich dort war, starben drei Menschen – ganz allein. Ich fragte den Chefarzt:

«Gibt es denn hier keinen Pfarrer, keine Christen, die sich um diese Menschen kümmern?» Und er sagte:

«Ich kann mich nur an wenige Besucher erinnern, die sich als Christen zu erkennen gegeben hätten. Vermutlich, weil viele mit diesem Elend hier auch nicht fertigwerden.»

Liegt das daran, dass oft nur die Bibelstellen, die uns Gott als den ganz Nahen und Behütenden zeigen, im Vordergrund stehen?

Die Menschen der Bibel haben Gott auch anders erfahren. Und es ist eine Hilfe, wenn wir das nicht verdrängen, damit wir eben nicht enttäuscht werden.

Ich möchte es an einem banalen Beispiel deutlich machen: Ich hatte mal eine lange Phase, wo ich nicht einschlafen konnte. Für einen wehleidigen Menschen wie mich war das schrecklich. Eines Nachts wälzte ich mich wieder hin und her, und meine geplagte Frau meinte:

«Lies doch in der Bibel!»

«Hilft mir nicht!»

«Dann lies die Psalmen!»

«Habe ich alle durch!»

«Dann lies noch mal!»

Dieser erneute Bibel-Tipp machte mich geradezu aggressiv. Doch aus Verzweiflung schlug ich sie noch mal auf, las einen Psalmvers, der mir noch nie aufgefallen war. Ausgerechnet der große König David betete: «Denn das Wasser geht mir bis an die Kehle» (Psalm 69,2). Erstmals seit langem hatte ich das Gefühl:

Ich komme mit meiner Situation in der Bibel vor!

Fortan konnte ich tatsächlich wieder besser schlafen.

Wie passt das zusammen? Auf der einen Seite: «Der Herr ist mein Hirte» – auf der anderen: «Denn das Wasser geht mir bis an die Kehle.» Kann man sich also auf Gott nur teilweise verlassen? Nein! Wir können uns ganz auf Gott verlassen, wenn wir auch die ganze Heilige Schrift ernst nehmen und nicht nur Lieblingsverse. Nur dann werden wir nicht enttäuscht, weil wir erfahren:

Ich kann mich darauf verlassen, dass Gott das Beste für mich will, auch wenn ich es im Augenblick nicht erkenne.

Es gibt auch einen Segen unerhörter Gebete. Im Nationalsozialismus saß die niederländische Schriftstellerin Corrie ten Boom (1892–1983) zusammen mit ihrer Schwester in einem

Raum im KZ. Sie gingen sich gegenseitig auf die Nerven, vor allem, weil die Schwester die Angewohnheit hatte, Gott für alles zu danken. Eines Tages bekamen sie zu allem Elend auch noch Flöhe. Und die Schwester dankte am Abend selbst für dieses Ungeziefer. Für Corrie ten Boom eine unglaubliche Provokation:

«Wie kannst du dafür dankbar sein, dass wir auch noch unter diesen schrecklichen Viechern zu leiden haben!»

Das KZ wurde befreit. Corrie ten Boom erfuhr später, warum die KZ-Wärter sie nicht zum Töten geholt hatten: weil sie sich nicht bei ihr mit Flöhen anstecken wollten. Gott hatte also piesackendes Ungeziefer geschickt, um sie zu retten! Ihre Schwester wiederum überlebte nicht.

Können Sie die dritte Strophe mitsingen?

Viele Katastrophen auf Erden enden leider nicht mit Rettung. Auch Christen erleben Verkehrsunfälle, Erdbeben, Epidemien, schwere Krankheiten, sind völlig verzweifelt, fühlen sich total verlassen.

Unter Christen wird gern Dietrich Bonhoeffers (1906–1945) Text gesungen, den Siegfried Fietz vertont hat: «Von guten Mächten wunderbar geborgen.» Doch weiß jeder, was er singt, wenn er singt, was in der dritten Strophe steht: «Und reichst du uns den schweren Kelch, den bittern, des Leids, gefüllt bis an den höchsten Rand, so nehmen wir ihn dankbar ohne Zittern ...» Können wir schweres Leid dankbar annehmen?

Auf jeden Fall haben wir als Christen in der Katastrophe als Einzige eine positive Perspektive: in der Ewigkeit bei Jesus Christus zu sein.

Karl Marx (1818–1883) hat den Christen vorgeworfen, sie vertrösteten auf das Jenseits. Doch besser in auswegloser Lage Trost auf die Ewigkeit, als trostlos in der Katastrophe zu verrecken.

Marx behält freilich dann recht, wenn er Christen erlebt, die Armut und Ungerechtigkeit religiös übertünchen; Christen, die den Schwachen, Einsamen und Fremden nicht so viel Gutes tun möchten, wie sie eigentlich könnten.

Ich kann mich auf Gottes Zusagen verlassen

Im Programmheft eines großen Berliner Theatertreffens wurde gefragt: «Warum geht man ins Theater?», was ja Zehntausende Abend für Abend tun. Und die kühne Antwort lautete: «Weil man auf ein Wunder hofft.»

Wir Christen brauchen nicht zu hoffen, wir können es erleben. Jesus Christus hat etwas gesagt, was noch niemand zu behaupten wagte: Ihr dürft den Schöpfer dieser Welt Vater nennen! Eine so enge Beziehung ist einmalig in allen Weltreligionen. Im Islam ist Allah ein völlig unnahbares, fernes Wesen. Hinduismus und Buddhismus kennen nicht einmal einen persönlichen Gott.

Und Jesus hat uns nun im Vaterunser aufgefordert, diesen Vater um alles zu bitten, was wirklich wichtig ist:

- dass wir Brot haben, nicht Kaviar. / Thema: Bescheidenheit.
- dass sein Wille geschieht, nicht unser Wille. / Thema: Demut – es gibt einen Chef über mir.
- dass sein Name erhöht wird, nicht unser Name. / Thema: das Ende aller Eitelkeit.

- dass wir nicht in Versuchung geführt, sondern vom Bösen erlöst werden. / Thema: Das Leben ist ein Kampf Gut kontra Böse. Und wir müssen uns entscheiden.
- Und dann der größte Hammer: «Und vergib uns unsere Schuld, wie auch wir vergeben unsern Schuldigern.» Gott bietet Vergebung an, aber er will, dass auch *wir* vergeben! Mit jedem Vaterunser, das wir beten, haben wir auch anderen zu vergeben. Was für eine revolutionäre Konsequenz: Nach jedem Gottesdienst – zu dem ja ein Vaterunser gehören sollte – darf es also eigentlich keinen Unfrieden, keine Bitternis, keinen Streit mehr in einer Gemeinde oder Familie geben, oder wir würden das Evangelium verramschen! Dann aber wäre es besser, nicht mitzubeten und die Schuld zu behalten!

Das Wunder des Gottesdienstes

Ich habe dieses «Bitternis-Behalten» mal ein paar Wochen lang versucht, weil ich meinte, zwei Mitchristen nicht vergeben zu können. Ich habe es nicht ausgehalten. Ich wollte Frieden haben. Ich ging zu beiden hin und habe mich ausgesöhnt. Nur so bekam ich Frieden. Das ist das Wunder des Gottesdienstes, das kein Theater bietet.

Der legendäre Chef der Deutschen Bank, der von Terroristen der Roten Armee Fraktion (RAF) 1989 ermordete Alfred Herrhausen, sagte einmal: «Die meisten Probleme entstehen, wenn wir nicht zu Ende denken.» Christen denken zu Ende, weil sie wissen, worauf es ankommt.

Vielen Menschen – auch Christen – ist wichtig, dass ihre Namen positiv in Erinnerung bleiben oder gar entsprechend in den Medien vorkommen. Das ist verständlich wie ehrenwert, aber noch nicht ewigkeitstauglich. Da ernüchtert ein Gang über den Friedhof. Der häufigste Spruch auf den Grabmalen lautet: «Wir werden dich nie vergessen» – meist schon umwuchert von viel Unkraut.

Die Eintrittskarte in den Himmel

Jesus Christus sagt: Wichtiger ist, dass unser Name im Himmel bekannt ist. Und wie erreiche ich das? Unser Herr verspricht: «Wer mich bekennt vor den Menschen, zu dem werde auch ich mich bekennen vor meinem himmlischen Vater» (Matthäusevangelium 10,32f). Die Eintrittskarte in den Himmel ist das Bekenntnis zu Jesus Christus in Wort und Tat.

Ein Mann, der eine große Rolle in meinem Leben gespielt hat, hat Alzheimer bekommen. Der einstige Evangelist kennt jetzt weder meinen Namen noch die Namen vieler anderer Weggefährten. Doch braucht man bei ihm nur den Namen Jesus zu erwähnen, dann hält er eine Predigt – wie früher. Der Name dieses Mannes ist im Himmel aufgeschrieben (Lukasevangelium 10,20). Und darauf kommt es bei jedem an.

10.
Propheten:
Die Mauer fiel trotzdem

GOTT IST NICHT EIN GOTT DER UNORDNUNG, SONDERN EIN GOTT DES FRIEDENS. Am 9. November 1989 geschah eines der größten Wunder in der deutschen Geschichte: Der Eiserne Vorhang fiel, obwohl viele geglaubt hatten, er würde nie fallen. Es gab keine Kirche, keine Synode, die bis Anfang November 1989 damit gerechnet hat, geschweige denn die Wiedervereinigung Deutschlands gefordert hätte. Schon allein deshalb muss das Ende dieses Unrechtsregimes mit Gott zu tun haben.

Dass sich die Mauer in Berlin öffnete, ist die Folge einer Revolution, die weltweit bisher einmalig ist, weil sie friedlich, ohne einen einzigen Schuss verlief und maßgeblich von Christen initiiert wurde. Das Gedenken an dieses unglaubliche Ereignis ist im Westen Deutschlands leider schwach und in der ehemaligen DDR trotz tatsächlich vieler blühender Landschaften sehr verhalten, weil sich viele dort als Deutsche zweiter Klasse fühlen.

Die seinerzeit mit Gewalt erzwungene Teilung Deutschlands und die Wiedervereinigung haben mich stets beschäftigt.

Zunächst zum Positiven: Es gab nach dem Zweiten Weltkrieg und besonders nach dem Mauerbau 1961 keine einzige Institution in Deutschland, die so verbunden blieb wie die Kirchen. Jede Landeskirche, jeder Kirchenkreis und viele Gemeinden im

Westen hatten eine Partnerkirche bzw. Partnergemeinde in der DDR. So konnten auch viele Bürger ohne Verwandte in der DDR Kontakte knüpfen und Freundschaften schließen. Ohne diese Gemeinschaft über die innerdeutsche Grenze hinweg wäre der Wunsch nach Wiedervereinigung wohl nicht so intensiv und der Vollzug vermutlich nicht so rasch möglich gewesen. Dieser Beitrag der Kirchen kann gar nicht hoch genug eingeschätzt werden zu einer Zeit, wo sonstige Kontakte – von Verwandtenbesuchen abgesehen – kaum möglich waren.

In den 40 Jahren der deutschen Teilung flossen über 4.500 Millionen DM Kirchensteuermittel wie Staatsgelder über die evangelischen Landeskirchen des Westens in den Osten. Vierzig bis sechzig Prozent der Haushalte dieser Kirchen in der ehemaligen DDR wurden von Westkirchen finanziert. Die evangelische Kirche der DDR hat als Volkskirche – wenn auch massiv geschrumpft – nur so überleben können. Die Landeskirchen in der DDR brauchen sich trotzdem nicht nur als «Empfangende» zu verstehen. Was sie – Teile der Basis mehr als die Spitze – an Glaubenstreue, Durchhaltevermögen trotz riesigen Mangels und Mut vor den Diktatoren bewiesen, wiegt die materielle Hilfe aus dem freien Westen mehr als auf. Viele Christen in der DDR sind zu Vorbildern für ihre Glaubensgeschwister im Westen geworden.

Das große Tabu

Die Hilfe der Westkirchen erfolgte aus christlichen bzw. mitmenschlichen Gründen, nie aber aus nationalen – etwa um die deutsche Einheit zu befördern. Das hängt damit zusammen, dass das Verhältnis der evangelischen Kirchen zu Nation, Heimat, Patriotismus seit 1945 gebrochen ist. War man bis dahin oft extrem patriotisch und betonte – häufig gerade kirchlicherseits – das Nationale über alle Maßen, so waren nach Kriegsende bereits die Begriffe tabu. Vom «deutschen Volk» wurde nur im Sinne einer Schuldgemeinschaft im Blick auf das Dritte Reich gesprochen, ansonsten redete man von «Gesellschaft».

Dann wäre Gott ungerecht …

Die Teilung Deutschlands wurde vielfach als Gericht Gottes über die Schuld des deutschen Volkes und seiner Kirchen im Dritten Reich angesehen, wobei kaum einmal die Konsequenz eines solchen Verständnisses auch nur angedacht wurde: Dann wäre nämlich Gott ungerecht. Dem Westen hätte er Wohlstand in Freiheit und dem Osten eine Art Gefängnis (wie beispielsweise Joachim Gauck die DDR bezeichnete) zugedacht. Doch die Menschen im Osten waren ja nicht Hitler-höriger als die im Westen. Trotzdem galt weithin, was einer der führenden Kirchentagsredner und evangelischen Theologen, Helmut Gollwitzer, noch 1985 so ausdrückte: «Wir sollten endlich aufhören, die deutsche Teilung zu beklagen, wir sollten uns damit abfinden.»

«Mit der Wiedervereinigung ist es aus»

Der Letzte, der noch unbefangen von Wiedervereinigung sprach, war der erste Ratsvorsitzende der EKD, der Berliner Bischof

Otto Dibelius (1880–1967). In seinen «Reden an eine gespaltene Stadt» nach dem Mauerbau 1961 sagte er:

«Es geht jetzt nach dem Mauerbau durch ganz Deutschland die Rede: Mit der Wiedervereinigung ist es nun aus – die kommt nie! Der das sagt, ist kein Christ, weil er seinem Gott nichts mehr zutraut … Aber wer die Wiedervereinigung jeden Tag erbittet, um der anderen Menschen willen, darum, dass zusammengehören muss, was Gott zusammen geschaffen hat, und dass es nicht Gottes Wille sein kann, dass so viel Tränen um diese infame Sache vergossen werden, dass durch Deutschland ein Stacheldraht gezogen ist, der wird es anders erleben.»

So wagte nach ihm niemand mehr zu sprechen – im Osten verständlicherweise, im Westen eigentlich nicht. Manche Kirchenleiter dachten wie Gollwitzer, andere wollten die Ostkirchen nicht in Schwierigkeiten bringen, wieder andere wurden geradezu aggressiv, wenn der Begriff auch nur fiel. Der württembergische Landesbischof (er amtierte 1979–1988) Hans von Keler sagte in einem Rückblick vollkommen zu Recht: Wer von einer deutschen Nation sprach, galt als «rechtsradikal».

Ein einziger Synodaler und ein Jugendpfarrer widersprachen

Wie offiziell über die Wiedervereinigung gedacht wurde, macht das «Gemeinsame Wort» von West-EKD und DDR-Kirchenbund vierzig Jahre nach Kriegsende – also 1985 – deutlich:

«Wir bitten alle Menschen in den beiden deutschen Staaten, … nicht eine Wiederherstellung früherer Verhältnisse zu verlangen, die nicht zu haben sind.»

Ein einziger Synodaler wagte es dann, auf der folgenden Synode des DDR-Kirchenbundes im Angesicht von Repräsentanten der Diktatur und der Stasi zu widersprechen: Superintendent Thomas Küttler aus Plauen im Vogtland. Er erinnerte daran, dass es biblisch sei, nicht nur über die deutsche Schuld (wie im besagten Kirchenwort), sondern zugleich auch über den Fortbestand und die Zukunft unseres (!) Volkes nachzudenken.

Daraufhin hielt ihm die Leitung des DDR-Kirchenbundes vor: Wer die deutsche Frage stellt, der stellt den Frieden in Europa infrage.

Ähnlich mutig verhielt sich in der kirchlichen Jugendarbeit der sächsische Landesjugendpfarrer Harald Bretschneider aus Dresden. Er wagte 1987 gegen härtesten Widerstand bei einer gemeinsamen Tagung der evangelischen Jugendarbeit im Westen und im Osten zu sagen:

«Wir sind *ein* Volk! Momentan noch – in zwei Staaten.».

Rund sechzig Mitarbeiter der Staatssicherheit der DDR bespitzelten Bretschneider.

Ein Bischof, der in einem idea-Interview wenigstens Möglichkeiten der Einheit in Erwägung zog, war der Vorsitzende des Bundes der Evangelischen Kirchen in der DDR, Werner Krusche (Magdeburg). Er antwortete 1982 auf die Frage «Halten Sie die Wiedervereinigung für völlig ausgeschlossen?»:

«[Ich halte sie] so lange für gänzlich ausgeschlossen, als sie zwei gegensätzlichen militärischen Bündnissystemen angehören … Wer die NATO für notwendig und die Zugehörigkeit der BRD in dieses Bündnis für unumgänglich hält und dennoch von Wiedervereinigung spricht, muss sich den Verdacht gefallen lassen, dass er an eine gewaltsame Annexion denkt oder dass er demagogisch redet und lediglich eine politische Pflichtübung exerziert. Etwas anderes wäre es, wenn die beiden deutschen Staaten sich – mit Zustimmung der jeweiligen Bündnispartner – aus diesen Bündnissen herauslösten und also neutral würden.»

Von der Wiedervereinigung zu reden war schlimmer als Ehebruch

Die Evangelische Nachrichtenagentur idea hat seit ihrer Gründung in so gut wie jedem Interview mit einem Kirchenleiter die Frage nach der Wiedervereinigung gestellt. Es war – so erlebte ich es zu meinem Erstaunen – bei West-Bischöfen oft so, als ob man nach etwas Unerhörtem, etwa nach Ehebruch geforscht hätte. Nur ein einziger westlicher Landesbischof in den 70er und 80er Jahren hielt die Wiedervereinigung für durchaus realistisch: der bereits erwähnte Hans von Keler. 1988 – also ein Jahr vor dem Fall der Mauer – äußerte er als württembergischer Landesbischof in einem idea-Interview:

«In der Geschichte hat es oft plötzliche Wendepunkte gegeben, die bisher ungeahnte Möglichkeiten boten. Warum sollte Gorbatschow nicht noch in diesem Jahrhundert die deutsche Karte spielen? Die Frage ist, ob wir in Deutschland – West wie Ost – überhaupt darauf vorbereitet sind. Mindestens einige sollten dafür stellvertretend ‹vordenken›.»

Eine geradezu prophetische Aussage dieses Landesbischofs! Fast alle anderen Kirchenoberen hielten eine Wiedervereinigung nicht nur für unmöglich, sondern warnten geradezu davor, sie zum Thema zu machen.

Das kirchliche Tabuwort 1989 war: «Wiedervereinigung»

Geradezu exemplarisch war dann die Situation im Jahr der Friedlichen Revolution. Beim Deutschen Evangelischen Kirchentag im Juni 1989 in West-Berlin – keine fünf Monate vor dem Fall der Mauer – wandten sich sämtliche Kirchenleiter aus West und Ost gegen jedes Reden von der Wiedervereinigung. Einen Monat später – im Juli 1989 – rief der Weltkirchenrat bei seiner Zentralausschusssitzung in Moskau samt den zahlreichen west- wie ostdeutschen Delegierten zur Wiedervereinigung auf – zur Wiedervereinigung von Nord- und Südkorea. Keiner stand auf und sagte: «Wenn wir uns schon mit diesem politischen Thema beschäftigen, dann gäbe es hier ganz nah bei uns auch etwas wiederzuvereinigen.»

Gebet für die Einheit Koreas, nicht Deutschlands

Am 28. Jahrestag des Mauerbaus in Berlin (am 13. August 1989) – also keine drei Monate vor dem Fall der Mauer – fand in West-Berlin ein evangelischer Fürbitte-Gottesdienst für die Vereinigung Koreas statt. Für die deutsche Wiedervereinigung gab es keinen einzigen. Stattdessen wurde vor ihr offen gewarnt:

Zu einer Zeit, als Tausende DDR-Bürger über Ungarn in den Westen flohen und es in der ganzen DDR brodelte, sprachen sich führende Repräsentanten der evangelischen Kirche gegen die Wiedervereinigung aus, ja bezeichneten sie sogar als «objektiv friedensgefährdend», wie beispielsweise der stellvertretende Vorsitzende des Bundes der Evangelischen Kirchen in der DDR, Manfred Stolpe, Ende September im «Spiegel».

Der Synodale Friedrich Schorlemmer aus der Lutherstadt Wittenberg meinte, es sei gut, wenn es zwei deutsche Staaten gebe.

Einen Monat später – wenige Tage vor dem Fall der Mauer – übernahm der zweithöchste Repräsentant des westdeutschen Protestantismus, der Präses der EKD-Synode, Jürgen Schmude, in der ARD-Sendung «Pro und kontra Wiedervereinigung» den Kontra-Part. (Pro Wiedervereinigung votierte der Chefredakteur von Tagesschau und Tagesthemen, Henning Röhl, der später als Fernsehdirektor beim Mitteldeutschen Rundfunk MDR wirkte und danach ab 2001 Bibel TV aufbaute.) Vor der Lutherischen Generalsynode (im Westen) äußerte Schmude, die Westkirchen seien von den Partnerkirchen in der DDR gebeten worden, nichts zur Lage in der DDR zu sagen.

Ich habe Jürgen Schmude stets als den fairsten Präses der EKD-Synode in den letzten Jahrzehnten erlebt – auch gegenüber idea –, aber mit seinen deutschlandpolitischen Vorstellungen konnte ich nicht übereinstimmen.

«Hören Sie endlich auf, von der Wiedervereinigung zu schreiben!»

Als ich Anfang Oktober 1989 (fünf Wochen vor dem Fall der Mauer und genau ein Jahr vor der staatlichen Wiedervereinigung) im evangelischen Wochenmagazin ideaSpektrum einen Kommentar mit der Schlagzeile «Wiedervereinigung – was sonst?» veröffentlichte, rief mich als Autor der Kirchenpräsident der Evangelischen Kirche in Hessen und Nassau an und meinte, eine solche Ansicht sei rechtsradikal. So etwas Friedensgefährdendes dürfe ein hessen-nassauischer Pfarrer – wie ich – nicht schreiben.

Ich wurde in die Kirchenverwaltung nach Darmstadt bestellt. Vier Tage vor dem Fall der Mauer musste ich mir dann zu Beginn der EKD-Synode vom 5. bis 10. November im badischen Bad Krozingen vom EKD-Ratsvorsitzenden anhören:

«Hören Sie endlich auf, von der Wiedervereinigung zu schreiben. Sie ist völlig unrealistisch. idea kennt die Situation im Osten nicht.»

Er wusste offensichtlich nicht, dass idea-Redakteure (Wolfgang Polzer, Wolfgang Thielmann und ich) immer wieder für idea in die DDR reisten – wenn wir denn ein Visum bekamen. Meine Kommentare hatten sogar dazu geführt, dass ich von der Stasi zur Fahndung ausgeschrieben wurde. Der Fall der Mauer verhinderte meine Verhaftung.

Natürlich ließ mich das alles nicht unberührt, schließlich sind für einen Christen Kirchenpräsidenten bzw. Bischöfe hoch zu achtende Persönlichkeiten. Ich fragte mich ernsthaft, ob ich nicht mit meiner Ansicht völlig falschliegen könnte, zumal mich auch prominente Evangelikale mahnten, nicht so etwas Unrealistisches in idea zu veröffentlichen. Mir fiel dabei auch all das ein, wo ich mich zuvor geirrt und um Entschuldigung gebeten hatte. War ich also bei der deutschen Frage möglicherweise unbelehrbar, stur oder schon früh verkalkt?

Angesichts dieser Selbstzweifel wurde ich bestärkt durch eine geradezu prophetische Predigt von dem Pfarrer in der DDR, der den meisten Zulauf hatte: Theo Lehmann aus Karl-Marx-Stadt (jetzt wieder Chemnitz).

«Wir sind in großer Not»

Mitte Oktober 1989 wurde uns die Tonbandabschrift einer Ansprache von ihm zugespielt, die dann in ideaSpektrum unter der Schlagzeile «Wir sind in großer Not» veröffentlicht wurde. Theo Lehmann sprach von der immer größer werdenden Angst in der DDR:

«Von den 55 Jahren meines Lebens habe ich vierzig in der DDR gelebt, aber ich habe noch nie eine Zeit solcher Not erlebt wie in diesen Tagen. Viele DDR-Bürger weinen über unser Land. Es braucht dringend einen Neuanfang – vor allem mit Gott. Unser Land ist kaputt …»

So Pfarrer Lehmann, der massiv von der Stasi verfolgt wurde. Er hielt seine Predigt in zwei aufeinanderfolgenden Gottesdiensten am 8. Oktober in der Lutherkirche in Karl-Marx-Stadt vor rund 5.000 (!) Jugendlichen. Dieser Mut, in einer Diktatur und im Angesicht von in der Kirche sitzenden Stasi-Leuten die Situation so klar zu benennen, gab mir die Gewissheit, dass sich idea auf dem richtigen Kurs befindet.

Obwohl auch in säkularen Medien immer mehr von Unruhen berichtet wurde, verhandelten die Kirchen im Westen vergleichsweise nebensächliche Themen.

Thema Nr. 1 vier Tage vor dem Mauerfall: Südafrika

Thema Nr. 1 vor dem Zusammenbruch des DDR-Regimes war in Synoden und Kirchenleitungsberichten vor allem das Apartheidsregime (die Rassentrennung) in Südafrika gewesen. Wie extrem einseitig die Kirche damals war, zeigt, dass sich der zentrale Rechenschaftsbericht des Rates der (westlichen) EKD zu Beginn der Synode in Bad Krozingen, als es in der DDR vor Unruhen nur so brodelte, mit 153 Zeilen mit der Situation im südlichen Afrika beschäftigte und mit gerade noch 26 mit der DDR, wie die «Hannoversche Allgemeine Zeitung» kritisch aufzählte.

Keiner wagte, das Wort Wiedervereinigung oder freie Wahlen auch nur auszusprechen, während gleichzeitig in allen Zeitungen davon zu lesen war. Zur gleichen Zeit sprachen sich achtzig Prozent der Bürger in Ost und West in Umfragen für eine Wiedervereinigung aus.

Ich habe in den vierzig Jahren, in denen ich als idea-Redakteur die Synoden der EKD begleitete, nie sonst derart das Gefühl gehabt, in einer völlig anderen Welt zu leben, wie an den ersten Tagen dieser Synode im idyllischen Schwarzwaldkurort Bad Krozingen. Während sich 17 Millionen Deutsche «im anderen Teil» unseres Landes in der größten Krise seit dem von der Sowjetunion blutig niedergeschlagenen Arbeiteraufstand vom 17. Juni 1953 befanden, beschäftigte sich das «Parlament» der damals noch mitgliederstärksten Volkskirche mit dem Schwerpunktthema «Die Gemeinschaft von Frauen und Männern in der Kirche». Die Synode beschloss, den Frauenanteil in allen Leitungs- und Beratungsgremien auf mindestens vierzig Prozent zu erhöhen, und forderte mehr Hilfe für Ausländer und Langzeitarbeitslose.

Dieser Gottesdienst war ein Tiefpunkt

Der Tiefpunkt am vorletzten Tag der Synode – dem Tag, als die Mauer fiel – ist der Abschlussgottesdienst gewesen. In der Predigt, die sich drei Synodale teilten, ging es um Jesus und die kanaanäische Frau (Matthäusevangelium 15,21–28). In den Beiträgen wurde unter anderem gesagt, Jesus habe sich gegenüber der Frau beleidigend verhalten. Die Kanaanäerin sei besser als Jesus gewesen.

Mehrere Synodale verließen daraufhin vorzeitig den Gottesdienst. Der Sprecher der Evangelikalen in der Synode, Dekan Rolf Scheffbuch, äußerte beim Rausgehen: «Eine solche Gotteslästerung muss ich mir nicht antun.» Ein Mitglied der Leitung der EKD, des Rates, Prof. Dr. Erika Kimmich (Stuttgart), sprach sogar von öffentlicher Gotteslästerung.

Dass Hunderttausende in Deutschland an diesem Abend den Fall der Mauer feierten, war kein Thema.

Tief deprimiert verließ ich in der Nacht die Synode. Auf dem Weg ins Hotel gegen 23 Uhr musste ich durch einen dunklen Park. Vor mir ging eine große Gestalt. Als ich ihr näher kam, hörte ich, wie ein Mann summte: «Großer Gott, wir loben dich …» Sofort wollte ich wissen, wer sich da vor mir bewegte. Es war der wenige Wochen zuvor ins Amt gekommene Präsident des Kirchenamtes der EKD, Otto von Campenhausen (damals Hannover, heute Uelzen). Wir lagen uns in den Armen.

Ich war glücklich: Endlich hatte ich jemand gefunden, der empfand, was man eigentlich jetzt nur empfinden konnte:

Ein unbeschreibliches Glücksgefühl darüber, dass eine Diktatur friedlich zusammengebrochen war. (Von Campenhausen ist dann später zum entscheidenden «Architekten» der Wiedervereinigung der EKD geworden.)

Die EKD-Synode wirkte wie umgewandelt

Am nächsten Morgen – dem 10. November – wirkte die Synode wie völlig umgewandelt. Jetzt fielen sich sogar einzelne Synodale um den Hals.

Als Text bei der Andacht wurde verlesen: «Halleluja. Lobe den Herrn, meine Seele … Der Herr schafft Recht denen, die Gewalt leiden … Der Herr macht die Gefangenen frei … Aber die Gottlosen führt er in die Irre» (Psalm 146).

Die Worte von Präsens Jürgen Schmude bewegten jeden: «Das, was wir lange ersehnt haben, ist nun eingetroffen.»

Der EKD-Ratsvorsitzende, Bischof Martin Kruse, meinte: «Berlin tanzt vor Freude … Was uns mit Dankbarkeit gegen Gott in besonderer Weise erfüllt, ist die Art und Weise, wie das in der letzten Nacht geschehen ist … Ohne Gewalt, durch das Gebet vieler Christen durch Jahre hindurch, und nicht umsonst sind die Kirchen die Plätze gewesen, von denen die Bewegung der Menschen ausgegangen ist und zusammengefunden hat. Wir grüßen mit bewegten Herzen die Christen in der DDR.»

Ich glaubte nach den bisherigen Erlebnissen auf der Synode meinen Ohren nicht zu trauen. Entsprechend dankbar für diese letzten Stunden der Synode fuhr ich in die idea-Redaktion nach Wetzlar zurück.

Doch bald war die EKD wie gelähmt

Leider währte meine Freude über die EKD nicht lange. Denn während nach dem Fall der Mauer die Deutschen gar nicht schnell genug zueinander kommen konnten, wirkte die Kirche wochenlang wie gelähmt. Die einzige konkrete EKD-Äußerung in den vierzehn Tagen nach dem 9. November kam zum fernen mittelamerikanischen El Salvador. Die EKD empfahl ansonsten, sich beim Thema Einheit zurückzuhalten – völlig an der Stimmung der Basis vorbei.

Der Vorsitzende des DDR-Kirchenbundes, der Magdeburger Bischof Christoph Demke, hielt sich nicht daran, sondern unterschrieb noch fast drei Wochen nach dem Fall der Mauer zusammen mit dem Ost-Berliner Generalsuperintendenten Günter Krusche einen Aufruf einiger Linksintellektueller und SED-Prominenter, die Eigenständigkeit der DDR möge doch bewahrt bleiben, es solle also keine Wiedervereinigung geben.

Im Westen wandte sich der Präses der Evangelischen Kirche im Rheinland, Peter Beier, sogar gegen eine «wohlfeile Sozialismus-Schelte» und sprach von einem «unaufgebbaren Humanum» des Sozialismus (obwohl der Nationalsozialismus im Dritten Reich und der real existierende in der DDR schreckliches Unrecht zu verantworten hatten). Der Präses wirkte zusammen mit einem Präsidiumsmitglied der SED-Fortsetzungspartei PDS, André Brie (später als Stasi-Mitarbeiter identifiziert), auf einer Sozialismustagung in der Evangelischen Akademie Mülheim/Ruhr mit.

Bei der Kirche hätte es am schnellsten gehen können

Obwohl es bis Oktober 1990, als die ehemalige DDR der Bundesrepublik Deutschland beitrat, im noch geteilten Deutschland keine Institution gab, die sich so problemlos hätte wiedervereinigen können wie die Kirche, dauerte es bei ihr am längsten. Sie hat eine gemeinsame Bibelübersetzung, gemeinsame Bekenntnisschriften, ein Gesangbuch, eine einheitliche Nachwuchsausbildung, weithin ähnliche Verfassungen – trotzdem war der Staat neun Monate schneller. Die deutsche Einheit wurde am 3. Oktober 1990 gefeiert, die evangelische erst im Juni 1991. Davor gab es wenig freudige Aussagen. Am peinlichsten dürfte der Glockenstreit 1990 gewesen sein.

«Du sollst dich nicht freuen!»

Am 20. September 1990 hieß es unter der Überschrift «Du sollst dich nicht freuen!» in ideaSpektrum auf der Titelseite:

«Kurz vor der lange erhofften Vereinigung der beiden deutschen Staaten durchzieht ein überaus peinlicher Streit die deutsche Christenheit. Er trennt viele katholische und evangelische Gemeinden, hat das Verhältnis zwischen evangelischen Kirchen und dem Staat belastet und zum Kopfschütteln in Presse wie weiten Teilen der Bevölkerung geführt.

Und so begann alles: In der Freude über die nun endlich bevorstehende Vereinigung der deutschen Staaten und damit auch der Christen nach 40 Jahren harter Trennung hatte der Architekt des Vereinigungsvertrages, Kanzleramtsminister Rudolf Seiters (CDU), vorgeschlagen, am 3. Oktober als ‹Tag der

Freude› Gottesdienste zu veranstalten und die Glocken läuten zu lassen.

Man könnte diesen Vorschlag als Laieninitiative begrüßen, zumal merkwürdigerweise in den Kirchen noch niemand auf die Idee gekommen war, Gottesdienste anzuregen. Doch die Leitung des Evangelischen Kirchenbundes in der DDR erklärte öffentlich, bislang sei es ‹nicht üblich gewesen, dass Bundesminister anordnen, wann Gottesdienste zu halten sind›. Damit drehte die ‹Kirche des Wortes› die Worte des Ministers um. Aus einem Vorschlag wurde eine Anordnung. Geradezu brüsk wies man die gutgemeinte Idee eines Politikers zurück, so als hätte der Minister den Kirchen Unsittliches vorgeschlagen.

Bundeskanzler Helmut Kohl wurde daraufhin von ‹BILD› mit den Worten zitiert: ‹Die Argumente gegen das geplante Glockenläuten sind an Dämlichkeit, Torheit und Hinterfotzigkeit nicht zu überbieten› …

Doch in einer erneuten Erklärung verteidigte die EKD ihre inzwischen getroffene Entscheidung, nicht zur Stunde der deutschen Vereinigung die Glocken läuten zu lassen. Es sei eine, wie es heißt, ‹gute, bewährte Ordnung unserer Kirche, dass die Glocken zum Gottesdienst, zur Andacht, zum Gebet rufen. Dabei soll es auch bleiben.›

Die Argumentation hat den Fehler, dass sie so nicht stimmt. Aus einem der zahlreichen kritischen Pressekommentare dazu die Stimme der Frankfurter Allgemeinen Zeitung: ‹Die EKD hat erklärt, Glocken riefen nur zum Gottesdienst und zur Andacht. Wirklich? Man muss nur auf die Straße gehen und die Ohren aufmachen: Die Glocken verkünden auch volle, halbe, Viertelstunden. Sie haben vor dem Sturm gewarnt und vor dem Feind. Genau an der Grenzlinie ist das in vielen Kirchen traditionelle Silvesterläuten angesiedelt, das nicht zum Gottesdienst lädt.› Aber nicht nur das. Die Kirchen riefen 1985 zum Gedenkläuten an den vierzigsten Jahrestag des Abwurfs der Atombombe auf Hiroshima am 6. August auf. Im Ruhrgebiet wurde in den letzten Jahren bei Zechenstilllegungen ebenso wie bei Friedensaktionen 1983 geläutet. Bei alledem wurde nie von einer Kirchenleitung vom Missbrauch des Glockenläutens gesprochen.»

So weit der Beitrag in ideaSpektrum.

Der peinliche Glockenstreit

Die katholische Kirche reagierte klüger: Jede Diözese konnte selbst entscheiden, ob es ein Sonderläuten der Glocken am 3. Oktober geben solle. Nur eine evangelische Landeskirche – die thüringische – empfahl zu läuten. Ihr Landesbischof Werner Leich:

«Das Ende der Nachkriegszeit und der Teilung unseres Vaterlandes sind nicht weniger wichtig als das sonst übliche Silvesterläuten.»

An der Basis verstand die Zurückhaltung der evangelischen Seite kaum jemand: 90 % der DDR-Bürger und 87 % aller Westdeutschen wollten laut Umfragen, dass die Kirchenglocken zur Vereinigung läuten.

Die Spitze des Eisberges der Entfremdung von Kirche und Volk machte dann die Besetzung des zentralen ökumenischen Gottesdienstes am 3. Oktober in der Ost-Berliner Marienkirche deutlich. Es predigten der höchste Repräsentant des deutschen Katholizismus, der Vorsitzende der Deutschen Bischofskonferenz, Karl Lehmann (Mainz), und der stellvertretende Vorsitzende des Evangelischen Kirchenbundes in der DDR, der sächsische Landesbischof Johannes Hempel (Dresden). Wo aber war der Vorsitzende des Kirchenbundes, der Magdeburger Bischof Demke? Zu Gesprächen mit der russisch-orthodoxen Kirche im Kloster Sagorsk. Auch Bischof Lehmann hätte wichtige Termine wahrzunehmen gehabt. Er aber nahm sich für diesen wichtigen Gottesdienst frei. Bischof Demke nicht.

«Wir haben uns geirrt»

In der ideaSpektrum-Ausgabe hieß es dann über den 3. Oktober: «Der Nationalfeiertag begann mit einem zentralen Gottesdienst in der mit 1.500 Menschen überfüllten Marienkirche mitten in Berlin. Merkwürdig berührte im Vergleich zu den Ansprachen der Politiker, dass im Gottesdienst die vergangenen 40 Jahre Sozialismus nur gestreift wurden. Man sprach viel über die gegenwärtigen Probleme, aber der Urheber der Nöte, das SED-Regime, wurde nur am Rande erwähnt. Kann man so leicht über die Vergangenheit hinweggehen? Das Wort des Ostberliner Bischofs Gottfried Forck im Blick auf die ‹Kirche im Sozialismus› – wie sich die evangelische Kirche in der DDR nannte: ‹Wir haben uns geirrt›, ist bisher eine Einzelstimme.»

Neun Monate nach der staatlichen Einheit kam dann schließlich doch noch die kirchliche: Am 27. Juni 1991 trat die Vereinigung von sechzehn westlichen und acht östlichen evangelischen Landeskirchen in Kraft. Es war eine schwere Geburt, weil man sich lange nicht einigen konnte, beispielsweise in Sachen Militärseelsorge.

Das erste Fazit: Ohne den Zusammenhalt der Kirchen wäre die deutsche Einheit sehr viel mühsamer gewesen. Ein Lob also den Taten! Hätte der Herr der Geschichte freilich auf die Worte deutscher Bischöfe, Kirchenpräsidenten und Präsides gehört, gäbe es sie überhaupt nicht.

Die Vergangenheit ist bisher kaum aufgearbeitet

Die zweite Diktatur in Deutschland im 20. Jahrhundert ist freilich weder umfassend politisch noch kulturell, journalistisch oder gar kirchlich aufgearbeitet worden. Als «Wessi» sollte man natürlich vorsichtig sein mit Urteilen über das Verhalten in einer Diktatur. Umso eher hätten aber alle westlichen Kirchen sich der Frage stellen können und müssen, warum man sich beim wichtigsten Thema der Nachkriegszeit – der deutschen Einheit – so geirrt hat. Die Evangelischen Akademien veranstalten Tagungen zu allen möglichen Fragen – warum nicht mal dazu?

Bisher wurde auch nicht untersucht, welchen Einfluss auf kirchliche Beschlüsse und Personalentscheidungen die zahlreichen Inoffiziellen Mitarbeiter (IM) der DDR-Staatssicherheit in Ost wie West hatten. In der DDR wurden mindestens zwei Landesbischöfe unumstritten als IM geführt, mindestens zwei Leiter von Landeskirchenämtern waren zweifelsfrei Stasi-Leute, ebenso sonstige Mitglieder von Kirchenleitungen und Präsidien von Synoden. Das alles ist bekannt, aber kaum aufgearbeitet.

Dabei geht es ja nicht um Kleinigkeiten. Ein Beispiel: Der Präsident des Konsistoriums der Evangelischen Kirche der Kirchenprovinz Sachsen (inzwischen mitteldeutsche Kirche), Detlef Hammer (Magdeburg), war sogar Stasi-Offizier im besonderen

Einsatz. Er wurde zuletzt 1989 mit über 25.000 Mark für seine Spitzeltätigkeit honoriert. Hammer war als Jurist auch für Pfarrer Oskar Brüsewitz zuständig, der sich 1976 auf spektakuläre Weise in Zeitz selbst verbrannte, nicht nur aus Verzweiflung über den – wie er öffentlich erklärte – Kampf des Kommunismus gegen die Kirche, sondern auch, weil die Kirche ihn als kritischen Pfarrer auf Druck der SED versetzen wollte.

Doch es geht ja nicht nur um die Stasi. Für viel bedenklicher halte ich die damalige Verharmlosung der DDR-Diktatur durch manche Kirchenvertreter im Westen – bis dahin, wie sich manche bei Besuchen in der DDR dem SED-Regime angebiedert haben.

Der Kirchentag schweigt zu seinen Irrtümern

Die breite Aufarbeitung der nationalsozialistischen Vergangenheit begann im Westen erst, nachdem der Film «Holocaust» im westdeutschen Fernsehen 1978/79 ausgestrahlt wurde – also 33 Jahre nach dem Ende des Dritten Reiches.

Nach Ähnlichem sieht es im Blick auf die realsozialistische Diktatur nicht aus. Das zeigen beispielsweise die Deutschen Evangelischen Kirchentage. Der letzte Kirchentag im Juni 2019 in Dortmund fand genau dreißig Jahre nach dem Großtreffen im Juni 1989 in West-Berlin statt, auf dem sich alle (!) Redner gegen eine Wiedervereinigung gewandt hatten. Anstatt sich des Irrtums aus Anlass der Friedlichen Revolution vor dreißig Jahren zu stellen und – noch wichtiger – Repräsentanten der Friedensbewegung zu Wort kommen zu lassen, findet man nichts Entsprechendes. Unter den rund 2.400 Veranstaltungen des Kirchentages gab es nur einen Workshop zur «Bewältigung von Gewalt der DDR» und ein Podium – zwar unter der Überschrift «30 Jahre Mauerfall», aber zum Thema «Wie gerecht geht es zu in der Republik?».

Glaubwürdig wäre ein Podium gewesen, in dem man sich seinen Irrtümern gestellt hätte.

Während es in den westlichen EKD-Kirchen an einer Aufarbeitung der Beziehungen zum SED-Regime und der Stasi-Einflüsse mangelt, bewegt sich etwas in den östlichen Landeskirchen. So hat die Synode des evangelischen Kirchenkreises Pommern im Frühjahr 2019 beschlossen, die DDR-Vergangenheit der Nordkirche und die Verbindungen zwischen Kirche und Staatssicherheit zu erforschen, zumal gleich fünf Mitglieder der pommerschen Kirchenleitung in den 80er Jahren als Stasi-Mitarbeiter geführt wurden, darunter der damalige Bischof Horst Gienke.

27 Jahre nach der deutschen Wiedervereinigung – also 2017 – hat die Synode der Evangelischen Kirche in Mitteldeutschland (ein Zusammenschluss der Kirchenprovinz Sachsen und der thüringischen Kirche) ein Bußwort verabschiedet. Darin bekennt sie, dass die Kirche in der DDR dem sozialistischen System entschiedener hätte entgegentreten müssen.

Ein entsprechendes Bußwort fehlt von westlichen Landeskirchen, der EKD, dem Weltkirchenrat oder auch beispielsweise der Evangelischen Akademie zu Berlin, deren Studienleiter, Peter Heilmann, einst in West(!)-Berlin ein einflussreicher Stasi-Spitzel war, der unter den Decknamen «Julius Müller» und später «Adrian Pepperkorn» agiert hatte.

Warum würdigt die EKD diese mutigen Christen nicht?

Dass die DDR-Diktatur friedlich endete, kann man nur als Wunder Gottes verstehen. Umso unverständlicher ist, dass die Kirchen immer noch nicht die zahlreichen Christen gewürdigt haben, die Gott als Werkzeuge für dieses Wunder eingesetzt hat: die Christen unter den 280.000 Gewissensgefangenen der DDR, die in den Zuchthäusern ihren Glauben bezeugten; die mutigen Christen in den Bürgerrechtsbewegungen; die Tausenden junger Leute, die sich der atheistischen Jugendweihe und der Mitgliedschaft in der kommunistischen «Freien Deutschen Jugend» (FDJ) verweigerten und deshalb oft kein Abitur und eine Karriere machen konnten. Sie erhalten heute vielfach eine geringere Rente als die Funktionäre der Diktatur. Es fehlt hier an Ausstellungen, Podien auf (besonders den westlichen!) Synoden, Kirchentagen und Akademietagungen.

Gauck unterstützt den Verein «Glaube, Mut und Freiheit»

Bisher fühlt sich nur eine Initiative «von unten» dazu berufen, Filmdokumentationen anzufertigen, in denen christliche Zeitzeugen aus der DDR berichten, wie sie ihren Glauben in der Diktatur bezeugt haben. Um dieses Vorhaben zu realisieren, hat sich am 3. Juli 2018 in der Gemeinde von Pfarrer Steffen Reiche (dem Mitbegründer der Sozialdemokratie in der DDR) in Berlin der Verein «Glaube, Mut und Freiheit – Christen in der DDR und danach» gegründet. Als Ziel des als gemeinnützig anerkannten Vereins mit Sitz in Brandenburg an der Havel wird genannt:

«… das Wirken der mutigen Männer und Frauen vor dem Vergessen zu bewahren, die als Christen in der SED-Diktatur Widerstand geleistet, zum Erfolg der Friedlichen Revolution von 1989 und zum Neuanfang im wiedervereinigten Deutschland beigetragen haben.»

Mit Hilfe des Filmproduzenten Alexander Thies (von ihm kommen die berühmten Filme über Luther und Bonhoeffer) haben sie bereits vierzig Interviews mit Christen aus der DDR aufgezeichnet. Vorsitzender des Vereins ist der Begründer der Aktion «Schwerter zu Pflugscharen», Oberlandeskirchenrat i. R. Harald Bretschneider (Dresden). Obwohl es sein Ziel ist, die Rolle der Kirche in der DDR weithin positiv darzustellen, sah sich die reiche EKD trotz mehrfachen Appells von Bretschneider und seinem Stellvertreter, Pfarrer Thomas Seidel aus Weimar, nicht in der Lage, dafür Geld zur Verfügung zu stellen. Ermutigt wird der Verein dagegen beispielsweise von Bundespräsident a. D. Joachim Gauck, der öffentlich das Anliegen des Vereins lobte.

Zweites Fazit: Irren ist menschlich und damit auch kirchlich. Aber die Kirche hat immer noch die Chance, das Wirken vieler ihrer Mitglieder in der DDR zur Ermutigung der ganzen Christenheit zu würdigen.

11.
Volkskirche:
Aussterben oder auf Mission umstellen

GOTTES GEIST WEHT, WO ER WILL. Seit meinem Theologiestudium – also seit fast fünfzig Jahren – verfolge ich den Weg der Volkskirche. Selten gab und gibt es Hoffnungszeichen, wie beispielsweise die Synode der Evangelischen Kirche in Deutschland (EKD) 1999 in Leipzig, die sich mit der Mission als Hauptthema beschäftigte. Doch es wurden kaum Konsequenzen gezogen. Im Wesentlichen wurden nur durch Bischof Wolfgang Huber (Berlin) – Ratsvorsitzender (Leiter) der EKD von 2003 bis 2009 – größere Reformen angepackt. Doch letztlich lautet die Bilanz: Die Landeskirchen sind zwar reich an Steinen (Gebäuden) und Geld (so viel wie nie in ihrer Geschichte), aber arm an geistlicher Kraft und überzeugten Mitgliedern.

Im Gegensatz zur römisch-katholischen Kirche ist die evangelische Volkskirche national orientiert. Das kann ein großer Vorteil sein, da man die Bedürfnisse und die Kultur seiner Mitglieder besser kennt als der Papst, der für die ganze Welt zuständig ist. Dieser Vorzug geht allerdings verloren, wenn es – wie bei der EKD – kaum wirksame Mechanismen gibt, die dafür sorgen, dass theologische und gesellschaftspolitische Einseitigkeiten unterbleiben.

Holzschnittartig vereinfacht, wird die Ideologieanfälligkeit schmerzhaft einsichtig: Die EKD hat im 19. Jahrhundert weithin die Arbeiter vernachlässigt und sich am Bürgertum wie am Adel orientiert. In der Weimarer Republik, also nach dem Ersten Weltkrieg, wurde die Monarchie bevorzugt und die Demokratie beargwöhnt. In der Zeit des Nationalsozialismus standen fast alle Landeskirchen mehr oder weniger aufseiten Hitlers – selbst nach dem Attentat am 20. Juli 1944. Keine Landeskirche trat dezidiert für die Juden ein. Es gab nur wenige wirkliche Widerstandskämpfer in den evangelischen Kirchen.

Nach dem Zweiten Weltkrieg waren die Kirchenleitungen in der DDR wie in Westdeutschland mehrheitlich politisch und teilweise auch noch theologisch konservativ orientiert – abgesehen vor allem von der rheinischen und westfälischen Kirche und ganz besonders der hessen-nassauischen unter Kirchenpräsident Martin Niemöller (1892–1984). Nachdem er im Dritten Reich als Pfarrer heldenhaft widerstanden hat, erregte er danach als Kirchenleiter Aufsehen durch linksextreme Aussagen.

In den 60er Jahren gab es unterschiedliche Entwicklungen in Ost und West. Auf den konservativen EKD-Ratsvorsitzenden, den Berliner Bischof Otto Dibelius (im Amt 1945–1966), folgte als Bischof der politisch linksorientierte Kurt Scharf (1966–1976 im Amt). Im Zuge der Studentenrevolution der 68er rückten auch fast alle anderen westdeutschen Landeskirchen politisch nach links und wurden theologisch liberaler – mit Ausnahme vor allem von Bayern, Württemberg und Schaumburg-Lippe.

In der DDR haben sich manche Landeskirchen zumindest teilweise mit dem SED-Regime arrangiert. Kaum ein Bischof (in West wie Ost) trat noch für eine deutsche Wiedervereinigung ein. Entsprechend trennte man sich auf Druck der SED 1969 – im Gegensatz zur katholischen Kirche – (organisatorisch) in eine westdeutsche EKD und einen Bund der Evangelischen Kirchen in der DDR.

Viel Anpassung in West und Ost

Der Vorsitzende des Kirchenbundes in den 80er Jahren, der sächsische Landesbischof Johannes Hempel, konnte sogar von einem «Grundvertrauen» zwischen Staat und Kirche in der DDR sprechen (was er allerdings später sehr bedauerte). Wesentlich kritischer zum SED-Regime gewesen sind beispielsweise der thüringische Landesbischof Werner Leich (1978–1992), der Ost-Berliner Bischof Gottfried Forck (1981–1991) und der schlesische Bischof Hans-Joachim Fränkel (Görlitz, 1964–1979).

Im Westen ist der letzte Bischof, der sich in den letzten vierzig Jahren ausdrücklich auch als gesellschaftspolitisch konservativ bezeichnete, im Norden Hans-Otto Wölber (Hamburg, 1964–1983) gewesen und in Bayern Hermann Dietzfelbinger (1955–1975). In Württemberg gab es freilich gleich drei zumindest theologisch konservative Bischöfe: Hans von Keler (1979–1988), Theo Sorg (1988–1994) und Gerhard Maier (2001–2005). Im Norden zählten vor allem dazu der Lübecker Bischof Ulrich Wilckens (1981–1991) und sein Nachfolger Hans Christian Knuth (1991–2008), der braunschweigische Landesbischof Gerhard Müller (1982–1993), die schaumburg-lippischen Landesbischöfe Joachim Heubach (1979–1991) und sein Nachfolger Heinrich Herrmanns (1991–2001). Heute amtiert der einzige Landesbischof, der sich entsprechend verstehen dürfte, in Sachsen: Carsten Rentzing (geboren 1967), dessen Wahl 2015 eine völlige

Überraschung war. Ähnlich wie er positioniert sich in der ansonsten theologisch wie politisch weit linksorientierten Evangelisch-Lutherischen Kirche in Norddeutschland der Bischof im Sprengel Mecklenburg und Pommern, Hans-Jürgen Abromeit (Greifswald, ab September 2019 im Ruhestand).

Wer ist konservativ in der Leitung der EKD?

Die Leitung der über zwanzig Millionen Mitglieder zählenden Volkskirche – der Rat der EKD – weist keinen mehr auf, der sich öffentlich als politisch und theologisch konservativ bezeichnen würde. Der Bundesvorsitzende des Evangelischen Arbeitskreises der CDU/CSU, Staatssekretär Thomas Rachel, hat zwar als Einziger öffentlich erklärt, im Rat der EKD 2017 gegen die «Ehe für alle» gestimmt zu haben, würde sich aber dennoch nicht ausdrücklich als konservativ einordnen. Er bemüht sich jedoch, zu Evangelikalen guten Kontakt zu halten. Der Vertreter dieser Bewegung im Rat, der Präses des Evangelischen Gnadauer Gemeinschaftsverbandes, Michael Diener, versteht sich als Brückenbauer. Er ist aber in einigen regionalen Verbänden umstritten, nachdem er sich für die Mitarbeit auch praktizierender Homosexueller in Gemeinden und Gemeinschaften ausgesprochen und damit die bisherige konservative Position in weiten Teilen der Evangelikalen verlassen hat.

In den letzten zwanzig Jahren sind fast alle EKD-Ratsvorsitzenden SPD-Mitglieder gewesen

Fast alle höchsten Repräsentanten des landeskirchlichen Protestantismus in Deutschland in den letzten zwanzig Jahren sind Mitglieder der SPD: Die Ratsvorsitzenden Wolfgang Huber (im Amt 2003–2009), Nikolaus Schneider (2010–2014) und Heinrich Bedford-Strohm (seit 2014) ließen bzw. lassen aber während ihrer Amtszeit ihre Mitgliedschaft ruhen. In der vorletzten Leitungsperiode der EKD gab es sogar von 2009 bis 2013 eine rotgrüne Spitze mit dem SPD-Mitglied Nikolaus Schneider und der grünen Spitzenpolitikerin Katrin Göring-Eckardt, die als Präses der EKD-Synode das zweithöchste kirchliche Amt innehatte. Das letzte sich als theologisch und politisch konservativ bezeichnende EKD-Ratsmitglied ist auch das bekannteste überhaupt gewesen: der ZDF-Moderator Peter Hahne, der von 1992 bis 2009 Mitglied im Rat war, dort aber mit seinen Ansichten zu einer kleinen Minderheit zählte.

Ist in der EKD nur das «linksliberale Milieu erwünscht»?

An dieser Entwicklung wurde in den letzten Jahren vielfach Kritik geübt. Der ehemalige bayerische Ministerpräsident Günther Beckstein (CSU) fasste seine Erfahrungen in der bayerischen Landessynode wie im EKD-Kirchenparlament mit den Worten zusammen, dort sei nur das «linksliberale Milieu erwünscht». Seine Kandidatur für die Position des Präses der EKD-Synode 2013 scheiterte.

Ähnlich äußerte sich der religionspolitische Sprecher der FDP-Bundestagsfraktion, Stefan Ruppert: «Die EKD neigt zu sehr nach rot-grün.» Für den jüdischen Historiker Michael Wolffsohn ist die EKD «nicht selten der verlängerte rot-grüne Arm». Nach Ansicht des Spitzenmanagers Michael J. Inacker, der ehrenamtlich als Vorsitzender der Internationalen Martin Luther Stiftung wirkt, braucht die EKD «eine Reformation an Haupt und Gliedern». In ihrer Führungsstruktur «bildet sich schon lange nicht mehr die Breite der evangelischen Christen ab».

Wer anders denkt, wird finanziell abgemahnt

Wer diese Tendenz kritisiert, wird finanziell abgemahnt. Weil die Evangelische Nachrichtenagentur idea (Wetzlar) mit ihrem Wochenmagazin ideaSpektrum oft daran erinnert, dass die EKD nicht einseitig sein dürfe, hat deren Synode Ende 2017 die ohnehin ganz geringe Unterstützung in Höhe von 132.000 Euro pro Jahr ab 2018 gekürzt und ab 2020 ganz gestrichen. Das Ganze geschah ohne vorherige Ankündigung oder Begründung und ohne eine einzige Gegenstimme.

Nur idea wurde abgestraft.

Das umstrittene kostenlos abgegebene EKD-Monatsmagazin «chrismon» erhält dagegen weiterhin jährlich vier Millionen Euro aus Kirchensteuermitteln. Es ist theologisch sehr liberal ausgerichtet. In ihrer Ausgabe vom August 2018 titelte die Chefredakteurin beispielsweise einen Artikel über eine Gießener Abtreibungsärztin mit «Die Retterin».

Ein Segen für idea

Der Beschluss gegen idea soll auch – wie mir journalistische Kollegen wie Synodale sagten – eine Art «Bestrafung» für meine auch kritische Kommentierung von Vorgängen in der EKD gewesen sein. Denn es war die letzte EKD-Synode in meiner fast vierzig Jahre währenden Zeit als Leiter von idea, in der ich seit 1977 über fünfzig Synoden der EKD bzw. des Kirchenbundes in der DDR zusammen vor allem mit dem idea-Redaktionsleiter Wolfgang Polzer journalistisch begleitet habe.

Eine Synode denkt, Gott aber lenkt: In keinem Jahr erhielt idea so viele neue Abos und Spenden wie ausgerechnet 2017, und zwar besonders nach dem Synodenbeschluss.

Diese Entwicklung hält bis heute an. Insofern hat sich die Entscheidung der EKD-Synode gegen eine weitere Subvention ideas geradezu als Segen für idea erwiesen. Dass die EKD damit nicht mal alle ihre Mitgliedskirchen vertritt, zeigte sich wenige Tage danach: Die sächsische Landessynode beschloss als Reaktion auf den EKD-Kurs erstmalig, idea einen Zuschuss zu gewähren. Die sächsische Landeskirche ist eine – wenn nicht *die* – geistlich lebendigste Mitgliedskirche. Sie verzeichnet den höchsten Gottesdienstbesuch (7,1 Prozent) – mehr als doppelt so hoch wie der EKD-Durchschnitt mit 3,3 Prozent.

Es fehlt fast überall an einer Opposition

idea wird von EKD-Synodalen schon seit längerem vor allem vorgeworfen, zu islamkritisch zu sein. Eines der größten innerkirchlichen Probleme ist deshalb außerhalb von Sachsen und teilweise noch Württemberg und Bayern die fehlende Opposition in theologischen wie ethischen Fragen in fast allen anderen Synoden. Es widerspricht theologisch kaum noch ein Synodaler. Auch werden höchst selten Christen in Schutz genommen, die anders denken als Kirchen- bzw. Synodenleitungen. Angesichts der jahrzehntelangen Diskriminierung theologisch konservativer Positionen mutet es merkwürdig an, dass man noch Kirchensteuern von Konservativen oder Evangelikalen annimmt, wobei politisch und theologisch konservativ bei beiden Ausprägungen nicht immer deckungsgleich ist. Es ist jedenfalls verwunderlich, dass Konservative noch keinen Kirchensteuerboykott ausgerufen haben.

Die Zahl der Protestanten hat sich fast halbiert

Der jahrzehntelang einseitige Kurs der evangelischen Volkskirche hat dramatische Folgen. Das ergibt besonders ein langfristiger Vergleich:

Hatte die EKD 1950 noch 41,2 Millionen Mitglieder in West und Ost, so ist ihre Zahl mittlerweile auf fast die Hälfte geschrumpft: Nur noch rund 21 Millionen gehören den zwanzig Landeskirchen an. Es ging also etwa jedes zweite Mitglied verloren.

Ganz im Gegensatz zur katholischen Kirche: Sie kam 1950 auf 25,2 Millionen Mitglieder, 2018 sind es «nur» 2,2 Millionen weniger: 23 Millionen. Ein vergleichsweise geringer Verlust.

Der EKD sollte zweierlei zu denken geben: In einem ursprünglich überwiegend evangelisch geprägten Land wie Deutschland sind inzwischen die Katholiken in der Mehrheit.

Die römisch-katholische Kirche hat trotz ihrer oft als «erzkonservativ» verschrienen Positionen wesentlich weniger Mitglieder verloren als die «fortschrittlichen» evangelischen Landeskirchen.

Nach einer Prognose des Forschungszentrums Generationenverträge (FZG) der Universität Freiburg werden die Mitgliederzahlen der evangelischen und der katholischen Volkskirche bis 2060 insgesamt sogar noch mal um rund 49 Prozent zurückgehen, also statt 66 Millionen (1950) und 44 Millionen (2018) sollen es dann nur noch 22,7 Millionen sein. Dieser beispiellose Rückgang könnte meines Erachtens nur gemindert werden durch eine große Erweckung oder zumindest weitreichende Reformen.

Bisher ist keine Kursänderung in Sicht

Von beidem kann jedoch leider keine Rede sein: Allein seit der Wiedervereinigung haben fast 5,7 Millionen Mitglieder die EKD und 4,1 Millionen die katholische Kirche verlassen. Nicht wenige treten aus, weil sie mit dem Kurs ihrer Kirche nicht einverstanden waren und sind. Theologisch werden natürlich treue Mitglieder verunsichert, wenn Kirchenleiter die entscheidenden Glaubensinhalte wie die leibliche Auferstehung von Jesus Christus oder die Jungfrauengeburt als unwichtig beschreiben oder gar leugnen.

Dazu kommen für Christen unverständliche politische Positionierungen. Für Irritationen sorgte besonders, dass die Leitung der EKD, der Rat, 2017 noch vor (!) der Abstimmung an die Politiker im Bundestag appellierte, für die «Ehe für alle» zu votieren.

In der ehemaligen DDR spielt auch eine Rolle, dass sich die dortigen Christen inhaltlich wie personell nicht in der Leitung der EKD vertreten fühlen. Kein einziges von 15 Ratsmitgliedern hatte bei der letzten Ratswahl 2015 eine DDR-Biografie. Während der ersten Jahrzehnte nach der Wiedervereinigung war der Stellvertretende Ratsvorsitzende stets ein Ost-Bischof. Jetzt ist alles westlich dominiert. Das macht sich schmerzlich beispielsweise daran bemerkbar, dass das dreißigjährige Jubiläum des Falles der Mauer Ende 2019 keine Rolle zu spielen scheint, obwohl maßgeblich Christen in der DDR dazu beigetragen haben.

Die Krise von Konservativen und Evangelikalen

An der Entwicklung haben freilich die Konservativen und/oder Evangelikalen auch eine erhebliche Mitschuld. Vor allem aufgrund vieler Streitereien unter den Evangelikalen fehlt es seit langem an Geschlossenheit. Es gibt auch zurzeit niemanden, der sie einen könnte. Von daher werden sie nicht so ernst genommen, wie es angesichts ihrer Größe und ihres treuen Engagements in den Gemeinden vor Ort angemessen wäre.

Der theologische Leiter der EKD-Kirchenkanzlei (heute Kirchenamt), Erwin Wilkens (Hannover), stellte schon 1979 gegenüber idea fest: «Ein großer Teil der Gemeindeglieder, vielleicht sogar die Majorität der aktiven Christen, führt aus diesen (pietistisch-evangelikalen) Traditionen sein geistliches Leben.» Von daher müsste es – wenn die EKD sich als Volkskirche versteht – eigentlich nicht nur eine Frauenquote, sondern auch eine Evangelikalenquote geben. Bisher sind Evangelikale in Kirchenleitungen jedenfalls kaum oder gar nicht vertreten.

Eine andere Generation

Die geringer gewordene evangelikale Opposition hängt auch mit einem anderen Generationenverhalten zusammen. Haben die frommen «Häuptlinge» in den 70er und 80er Jahren oft mit zu harten Bandagen und teilweise überheblich, unbarmherzig und lieblos gegen liberale theologische wie ethische kirchliche Beschlüsse gekämpft, so ist die nachfolgende Generation – vielleicht auch auf diesem Hintergrund – auf Harmonie bedacht. Sie geht so weit, dass manche Evangelikale in Synoden selbst eindeutigen Irrlehren zugestimmt haben. Es fehlt «die Mitte» zwischen bedingungslosem Einsatz für die Wahrheit und Kompromissen, wo es nicht um Heilsfragen geht.

Viele jüngere evangelikale Theologen interessieren sich aber auch nicht mehr für Kirchenpolitik und die Arbeit in Synoden. Sie halten es für wirkungsvoller, sich in ihren Gemeinden zu engagieren – durchaus oft mit Erfolg. Nicht wenige leiten anziehende Gemeinden.

Der mangelnde Widerspruch selbst, wo er um des Evangeliums willen notwendig wäre, hängt aber bei manchen Evangelikalen auch mit einem gewissen Karrierestreben zusammen. So schweigen selbst hochqualifizierte Theologen öffentlich bei schwerwiegenden theologischen Fehlentwicklungen. Auch evangelikale Pfarrer wollen Dekan, Prälat, Oberkirchenrat oder gar Bischof werden. Das wäre auch prinzipiell zu begrüßen, wenn es nicht um den Preis geschehen würde, dass man zu vielem nicht mehr Position bezieht. Kirchenleitungen können bei Kritik hier freilich auch gnadenlos einschreiten. Bei Evangelikalen ist man da wesentlich weniger tolerant als bei Liberalen.

Es ist eben auch einfacher, Bonhoeffer-Biografien zu verschenken, als sich so mutig wie Dietrich Bonhoeffer (1945 hingerichtet) zu verhalten, obwohl wir in einem Land leben, in dem man zumindest noch nicht mit dem Tode bedroht wird, wenn man quer liegt.

Sind die Freikirchen eine Alternative?

Zur Vereinigung Evangelischer Freikirchen (VEF) gehören 15 Kirchen mit knapp 300.000 Mitgliedern. Zählt man die vielen unabhängigen und die russlanddeutschen Gemeinden hinzu, kommt man auf etwa 800.000 Anhänger – also ein knappes Prozent aller Deutschen bzw. fast vier Prozent innerhalb des Protestantismus.

Beim Kirchenbesuch freilich sieht es völlig anders aus: Da gehen fast ebenso viele Bürger in freikirchliche Gottesdienste (schätzungsweise 640.000) wie regelmäßig durchschnittlich 2018 in landeskirchliche: 734.000.

Es ist wichtig, dass es als prinzipielle Alternative zu Landeskirchen auch Freikirchen gibt sowie Landeskirchliche Gemeinschaften – wenn sie faktisch wie eine Gemeinde arbeiten. Dann verzeichnen sie häufig auch wachsenden Zuspruch. Freikirchen werden vielfach geschätzt, weil sie meist eine bibeltreue Verkündigung bieten – verbunden mit der Pflege von Gemeinschaft und unkonventionellen Gottesdiensten. Das habe ich jahrelang beeindruckend in einer Freien evangelischen Gemeinde in Siegen-Weidenau erlebt, wo ich bis 2018 wohnte.

Auch Freikirchen haben sich gewandelt

Noch bis in die 80er Jahre hinein verstanden sich so gut wie alle Freikirchen als geistliche, theologische und oft auch gesellschaftspolitische Alternative zur EKD.

So positionieren sich die meisten Freikirchen mittlerweile nicht mehr. Im Gegenteil: Einige sind stark bestrebt, von Landeskirchen bzw. auch der eng mit ihnen verbundenen Universitätstheologie anerkannt zu werden. Die Folge ist freilich, dass man sich dann auch fast immer inhaltlich anpasst. Von daher lehren viele große freikirchliche Ausbildungsstätten inzwischen eine (wenn auch gemäßigte) historisch-kritische Bibelauslegung.

Angesichts zahlreicher Austritte aus der EKD aufgrund von theologischer und/oder politischer Einseitigkeit müssten eigentlich die Freikirchen boomen. Tatsächlich verzeichnen besonders die größeren – wie die Evangelisch-methodistische Kirche – Rückgang. Ausnahmen bilden vor allem der Bund Freier evangelischer Gemeinden und noch weitaus mehr der Bund Freikirchlicher Pfingstgemeinden. Doch die «Pfingstler» legen in der Regel nicht so sehr zu, weil sich viele Deutsche bekehrt hätten, sondern vor allem durch den Zuzug zahlreicher Migranten.

Großen Zulauf haben im Gegensatz zu den traditionellen Freikirchen völlig unabhängige Gemeinden, die freilich nach Jahren des Booms häufig in Krisen geraten, weil ihre Leiter in Gefahr stehen, selbstherrlich «zu regieren» und beratungsresistent zu werden. Das belegen tragische Beispiele aus jüngster Zeit.

Warum wachsen Freikirchen nicht?

Warum profitieren die Freikirchen nicht mehr vom Rückgang der Volkskirchen? Die Gründe dürften sehr unterschiedlich sein:

Wenn sich freikirchliche Gemeinden bzw. Verbände kaum von liberalen landeskirchlichen unterscheiden, ergibt ein Übertritt natürlich keinen Sinn. Oft liegen – wie zum Beispiel aus Leserbriefen an die Evangelische Nachrichtenagentur idea deutlich wird – aber auch ganz andere Ursachen vor: Es nervt demnach manche übertrittswillige Landeskirchler, wenn in fast jeder freikirchlichen Predigt zur Bekehrung aufgerufen wird (was mittlerweile freilich selten geworden ist), obwohl alle Besucher schon Christen sind; es ödet an, wenn Predigten zwar bibeltreu, aber ohne Bedeutung für den Alltag sind; es ist auf Dauer langweilig, wenn nur (!) moderne bzw. Lobpreislieder gesungen werden (und dann auch noch auf Englisch, als ob mehrheitlich Besucher aus den USA oder Großbritannien da wären). Auch die Lautstärke vieler Lobpreisbands erweckt den Eindruck, in Freikirchen gehe man davon aus, Gott sei schwerhörig.

Manche Landeskirchler vermissen in zahlreichen freikirchlichen Gottesdiensten auch, dass inhaltsreiche traditionelle Elemente fehlen wie das von Jesus Christus ausdrücklich geforderte Vaterunser oder das allen Christen gemeinsame Apostolische Glaubensbekenntnis.

Sollte man aus der Landeskirche austreten?

Ich bin nicht nur von idea-Lesern oft gefragt worden, ob man als Christ nicht aus der Landeskirche austreten müsste. Ich kann jeden verstehen, der sich zu diesem Schritt entschlossen hat, nachdem er sich vergeblich gegen Fehlentwicklungen gewandt hat. Die entscheidende Frage ist jedoch:

Wohin tritt, wer austritt?

Fest steht: Jeder Christ braucht eine Gemeinde, die ihm geistlich und menschlich eine Heimat bietet. Bevor man sich aber jahrelang in Auseinandersetzungen mit einem theologisch liberalen Pfarrer bzw. einer Pfarrerin verkämpft, sollte man in eine christuszentrierte Gemeinde überwechseln. Ist keine landeskirchliche im näheren Wohnumfeld vorhanden, sollte man sich nach einer Landeskirchlichen Gemeinschaft umsehen, die sonntags Gottesdienste anbietet, oder eben nach einer freikirchlichen Gemeinde, die sich noch als Alternative versteht.

Im Neuen Testament steht nicht, dass wir auch unsere Kirchen lieben sollen. Doch ohne Gemeinde – egal in welcher Form – ist Christsein kaum lebbar.

Tageszeitung «Die Welt»: Das Ausruhen auf der Kirchensteuer ist «ein Skandal»

Trotz des unglaublichen Mitgliederschwundes sind bisher keine Reformen der EKD in Sicht. Das dürfte vor allem daran liegen, dass dank des staatlichen Kirchensteuereinzuges und der noch boomenden Wirtschaft die Volkskirchen finanziell geradezu «im Gelde schwimmen», wie es einige Medien sogar als Schlagzeile formulierten.

Die Tageszeitung «Die Welt» (Berlin, 20. Juli 2019) bezeichnete es als «Skandal», dass die großen Kirchen sich auf der Gewissheit ausruhten, mit Hilfe der Kirchensteuern «schon irgendwie zu überleben». Denn aufgrund der noch guten wirtschaftlichen Konjunktur sind 2018 trotz der massiven Mitgliederverluste die Kirchensteuern für die EKD noch mal um 120 Millionen auf 5,8 Milliarden Euro gestiegen. 2007 waren es etwa 1.600 Millionen weniger: 4,2 Milliarden.

Angesichts der Entwicklung der evangelischen Volkskirche möchte ich deshalb acht Vorschläge für eine Erneuerung machen.

Vorschläge für eine Erneuerung der Volkskirche

1. «Die ganze Kirche muss sich auf Mission umstellen»

Mit diesen Worten eröffnete 1999 der damalige EKD-Ratsvorsitzende, der rheinische Präses Manfred Kock, die EKD-Synode in Leipzig. Das Kirchenparlament folgte ihm – in einer ohne Gegenstimme bei nur einer Enthaltung beschlossenen «Kundgebung» der Synode heißt es:

«Die evangelische Kirche setzt das Glaubensthema und den missionarischen Auftrag an die erste Stelle.»

Was für eine Sternstunde in der Geschichte der evangelischen Volkskirche! Schon 1986 hatte der Vorvorgänger Kocks im Ratsvorsitz, der Berliner Bischof Martin Kruse, vor der EKD-Synode festgehalten:

«Wir sind in der EKD gemeinsam vor die elementaren Fragen gestellt, denen sich niemand entziehen kann und darf: Wie wird einer heute Christ? Wie kann einer heute Christ bleiben? Hier wird das Zentrum unserer Arbeit im Rat der EKD liegen.»

Solche klaren und eindeutigen Positionsbestimmungen hört man in der EKD leider nur noch selten, auch wenn sich die Synode in den letzten Jahren gelegentlich auf die Tagung in Leipzig bezogen hat. Praktische Konsequenzen gab es aber bislang kaum. Das ist umso schwerwiegender, als der Anteil der Kirchenmitglieder in Deutschland von 1950 noch über 90 Prozent auf rund 55 Prozent (einschließlich freikirchlicher und orthodoxer Christen) gesunken ist.

Dabei ist Mission für Kirche, Gemeinde und jeden einzelnen Christen keine Option, sondern eine Notwendigkeit. Bevor Jesus Christus seine Herrschaft im Himmel bei seinem Vater antrat (Markusevangelium 16,15f, 1. Petrusbrief 3,22), hat er zu seinen Jüngern gesagt: «Gehet hin in alle Welt und predigt das Evangelium aller Kreatur. Wer da glaubt und getauft wird, der wird selig werden; wer aber nicht glaubt, der wird verdammt werden» (Markusevangelium 16,15f, ähnlich Matthäusevangelium 28,19f).

Es handelt sich also hier nicht um einen Wunsch des Herrn der Kirche, sondern um einen Befehl an alle seine Nachfolger, also uns als Christen. Schließlich geht es um Himmel oder Verdammnis! Von daher ist für eine Kirche nichts so wichtig wie Mission. Natürlich müssen sich Gemeinden auch um soziale Anliegen bemühen. Doch Mission hat Priorität, denn das Evangelium können nur Christen verkündigen – Soziales praktizieren erfreulicherweise auch und oft gut Atheisten.

Worum es in jeder Sitzung gehen sollte

Das Thema Mission spielt jedoch bisher in den Kreis-, Bezirks- und Landessynoden wie in der EKD-Synode tatsächlich nur eine geringe Rolle. Die Debatten in Kirchenparlamenten drehen sich weithin um die Hilfe für Flüchtlinge, um Feminismus, Klimawandel, Homosexualität oder Rechtsextremismus, nicht aber um das, was Jesus Christus sich in erster Linie wünscht: Wie schaffen wir es, möglichst viele Mitbürger mit der christlichen Botschaft zu erreichen?

Eine Änderung wird wohl nur erfolgen, wenn festgelegt wird, dass sich jede Kirchenvorstandssitzung und jede Synode als Erstes mit diesem Thema beschäftigen muss, weil Jesus Christus selbst es als das Wichtigste benannt hat. Entsprechende Priorität muss auch die Vergabe von Geldern haben. Ehren- und hauptamtliche Mitarbeiter müssen geschult werden, wie man Nichtchristen die christliche Botschaft überzeugend darlegen kann. Evangelisten sollten vermehrt ausgebildet und dann – wie bis in die 70er Jahre hinein – auch angestellt werden. Und. Und. Und …

Jedes Jahr ein Bericht:
Wir steht es um die Christianisierung in Deutschland?

So wie die deutsche Bundesregierung beispielsweise den sogenannten «Armutsbericht» über die Lebensbedingungen in Deutschland vorlegen muss, sollte der Rat der EKD jedes Jahr einen Bericht zur Lage der Christianisierung in Deutschland veröffentlichen:

Was ist volksmissionarisch geschehen?
Wo gab es geistliche Erneuerungen?
Welche missionarischen Modelle waren erfolgreich?
Wo und warum sind Gemeinden gewachsen?

2. Jede Kirchenleitung sollte Rechenschaft ablegen über die Ursachen von Austritten

Eine Kirche ist kein Unternehmen und Erfolg kein Name Gottes. Dennoch mahnt uns Jesus, «Früchte» hervorzubringen. Unter einer solchen «Frucht» kann man vieles verstehen, beispielsweise die Mitglieder-Entwicklung. Wenn Christen die Kirche verlassen, weil ihre Leitung sich beispielsweise politisch einseitig geäußert hat (was in einer Diktatur notwendig sein kann, aber in einer Demokratie in der Regel den Parteien überlassen werden kann), sollte das zum Thema einer Synode werden. Man hat sich aber offensichtlich daran gewöhnt, dass es zahlenmäßig immer mehr bergab geht.

Keine Synode hat meines Wissens bislang eine Kirchenleitung aufgefordert, zu erklären, warum in einem Jahr Zehntausende Mitglieder mehr aus- als eingetreten sind. Kein Kirchenleiter wurde bislang auch nur gefragt, wie viele bei ihrem Austritt angegeben haben, Grund sei eine unqualifizierte theologische oder politische Aussage von ihm gewesen.

Kirchenaustritte führen zum größten Verlust

Wenn wie nach der letzten von der EKD veröffentlichten Statistik 2018 220.000 Mitglieder ausgetreten und nur 25.000 eingetreten sind, so geht es um einen Verlust von 195.000 Mitgliedern. Anders ausgedrückt: Der EKD sind damit allein in einem Jahr etwa umgerechnet 130 Kirchengemeinden (geht man von durchschnittlich 1.500 Mitgliedern aus) weggefallen, nur weil Christen in der Kirche keine Heimat mehr fanden, sie die Kirchensteuern für zu hoch oder falsch verwendet hielten oder sie sich über Aussagen ihrer Kirchenleitung, das Verhalten von Pastoren usw. geärgert haben. Für die meisten dürfte vermutlich «Kirche» auch einfach irrelevant geworden sein, weil oder wenn sie sich zu wenig unterscheidet von einer politischen Partei oder einem sozialen Unternehmen.

Die EKD macht sich etwas vor, wenn sie – wie 2017 – solche Statistiken mit den Worten beschreibt, «vor allem» der demografische Wandel mache ihr zu schaffen. Diese Analyse täuscht, denn mehr als die Hälfte des gesamten Verlustes an Mitgliedern 2018 – 395.000 – ist (wie 2017) auf Austritte zurückzuführen. Der «Tagesspiegel» (Berlin, 20. Juli 2019) bemerkt zu Recht, dass der demografische Faktor «nicht entscheidend» sei, überwögen doch die Austritte. Eine solche jahrzehntelange Entwicklung würde in jedem Sportverein zu einer Krisensitzung führen – doch leider nicht in den Kirchen. Obwohl die Austritte längerfristig sowohl geistlich wie finanziell gravierende negative Folgen haben. Denn wer in jungen Jahren austritt, wird seine Kinder auch nicht taufen lassen; er oder sie werden nicht mehr kirchlich getraut und beerdigt. Wer im Alter von dreißig Jahren die Kirche verlässt, zahlt in den nächsten 35 bis 40 Jahren keinen Cent Kirchensteuern mehr – und die Nachkommen wahrscheinlich auch nicht.

Für einen Bund der Kirchensteuerzahler

Vergangenheit wie Gegenwart zeigen, dass Appelle hier nicht viel bringen, solange die Kirchensteuern fließen. Um Missbräuche zu vermindern, sollte zum Beispiel beschlossen werden, dass auch das Oberrechnungsamt der EKD seine Ergebnisse der Öffentlichkeit präsentiert – so wie der Bundesrechnungshof seinen jährlichen Bericht über die Verwendung von Einnahmen und Ausgaben des Bundes auf der Bundespressekonferenz vorstellt. Dazu wäre begleitend auch ein Bund der Kirchensteuerzahler wichtig, ähnlich wie es den Bund der Steuerzahler als eingetragenen Verein gibt. Auf diese Weise könnte mehr als bislang gewährleistet werden, dass Kirchensteuern und Staatszuschüsse nicht für kirchenferne Projekte ausgegeben werden.

3. Die Praxis der Säuglingstaufe muss sich grundlegend ändern

Nach der neuesten Statistik ist auch der Gottesdienstbesuch weiter gesunken: Nur noch 3,3 Prozent der EKD-Mitglieder gehen regelmäßig sonntags in die Kirche (2017 waren es noch 3,5 Prozent – also 37.000 mehr in absoluten Zahlen. 1975 betrug der durchschnittliche Besuch 5,5 Prozent).

Dieser Tiefstand hängt auch mit der Praxis der Säuglingstaufe zusammen. Wenn sie sich nicht ändert, wird es dabei bleiben, dass man zwar immer noch relativ viele Mitglieder generiert, sie aber weithin (wie es unschön heißt) «Karteileichen» bleiben.

Nur wenn eine christliche Erziehung von Kindern tatsächlich garantiert ist, sollten Säuglinge getauft werden. Denn nach dem Ja Gottes in der Taufe muss auch das Ja zu Gott folgen. Nach dem einhelligen Zeugnis des Neuen Testaments ist nur derjenige ein Christ, der eine persönliche Beziehung zum Herrn der Kirche, Jesus Christus, hat und versucht, gemäß den Geboten Gottes zu leben. Wenn keine christliche Begleitung gewährleistet ist, sollte man deshalb nur eine Segnung von Säuglingen praktizieren, aber mit der Taufe so lange warten, bis die Heranwachsenden selbst in der Lage sind, sich zu entscheiden. Gleichzeitig gilt es, bei Kindern wie Eltern mehr als bisher für die christliche Botschaft zu werben.

4. Nicht jeder sollte Pfarrer werden dürfen

Das größte Problem der Volkskirche sind die Pfarrer, die (wie Umfragen ergeben haben) nicht an das glauben, was die Kirche zu verkündigen hat. Es ist im Apostolischen Glaubensbekenntnis exemplarisch zusammengefasst. Von daher sollten Zugang zum Vikariat und später zum Pfarramt nur solche Theologen erhalten, die überzeugend darlegen können, dass sie inhaltlich und nicht nur formal den Bekenntnissen ihrer Kirche zustimmen. So wie kein bekennender Vegetarier Marketingchef einer Bratwurstfabrik werden könnte, sollte auch niemand als Pastor wirken, der heilsentscheidende Inhalte des Glaubens an Christus leugnet.

5. Evangelikale Hochschulen fördern

Da die deutschen Theologischen Fakultäten und Kirchlichen Hochschulen mehrheitlich von der liberalen, der Heiligen Schrift kritisch gegenüberstehenden Theologie bestimmt sind, sollte die Ausbildung der Pfarrer an den privaten evangelikalen Theologischen Hochschulen nicht nur möglich sein, sondern auch gefördert werden, zumal sie ein hochqualifiziertes Studium mit Praxisbezug bieten.

6. Für eine Direktwahl aller Synoden

Um massive Einseitigkeiten in Landessynoden wie in der EKD-Synode in Zukunft zu vermeiden, sollten nicht nur in Württemberg alle erwachsenen Kirchenmitglieder die Kandidaten für Synoden direkt wählen können, sondern auch in allen anderen Landeskirchen. Das Gleiche sollte für das EKD-Kirchenparlament gelten.

7. Keine Altersbeschränkungen bei der Gemeindeleitung

Die Kirche sollte jeden Christen zur Mitarbeit ermutigen. Da sind Altersbeschränkungen bei der Wahl von Erwachsenen in Kirchenvorstände diskriminierend wie überholt. Sie führen oft dazu, dass sich noch fitte ältere Christen zurückziehen. Altersbegrenzungen nach oben sollten daher in den Landeskirchen aufgehoben werden, in denen es sie noch gibt. Wenn man bis zum 77. Altersjahr wie Joachim Gauck Bundespräsident sein konnte oder Bundestagspräsident ist wie Wolfgang Schäuble (2019: 77-jährig), sollte man in diesem Alter auch noch in eine Gemeindeleitung gewählt werden können. Das aber ist in manchen Landeskirchen nicht möglich.

8. Für eine Reform des Kirchensteuersystems

Noch nie in ihrer Geschichte haben die Volkskirchen so viele Kirchensteuern erhalten wie in den letzten Jahren: Beide bekamen 2018 sage und schreibe 12,4 Milliarden Euro (5,8 Milliarden die EKD und 6,6 Milliarden die römisch-katholische Kirche). Die vielen Kirchensteuern haben bisher wirksame Reformen und Kursänderungen verhindert. Man bedauert zwar, dass die Mitgliederzahl stark schrumpft, nimmt aber keinen grundlegenden Kurswechsel vor, weil ja Geld mehr als nötig da ist. Von daher sollte baldmöglichst eine Reform der Kirchensteuervergabe in Angriff genommen werden.

Bisher haben 99,99 Prozent aller Mitglieder faktisch keine Möglichkeit, auf die Verwendung wirklich Einfluss zu nehmen. Die weithin theologisch und politisch einseitig besetzten Synoden und Kirchenleitungen konnten so ohne Probleme die Finanzierung von kirchenfremden, ja teilweise sogar unbiblischen Aktionen und Werken ermöglichen (wie beispielsweise das Gender-Zentrum in Hannover oder Evangelische Akademien mit einem seit Jahren einseitigen, vorwiegend gesellschaftspolitischen Programmangebot). Deshalb sollte jeder Kirchensteuerzahler – wenn er möchte – bei fünfzig Prozent seiner Kirchensteuern selbst entscheiden können, für was sie innerkirchlich verwendet werden können.

Die EKD braucht «eine Reformation an Haupt und Gliedern»! So die Analyse von Michael Inacker (s. o.). Sonst sieht ihre Zukunft düster aus. – Genau so ist es!

12.
Das Ende bedenken:
Christen sind besser dran

MIT GOTT BIN ICH AUF DER RICHTIGEN SEITE. Als Christ lebe ich nicht in einem Vergnügungspark. Ich kann alles erfahren: Glück, Leid, Tränen der Freude wie der Trauer. Aber ich habe stets die Gewissheit: Egal was passiert, ich befinde mich auf der richtigen Seite.

Ich gehe davon aus, dass fast alle Leserinnen und Leser dieses Buches Christen sind. Sie wissen also bereits, warum es sich lohnt, Christ zu sein, denn sonst hätten sie vom christlichen Glauben längst Abschied genommen.

Wenn es aber gute Gründe gibt für das Christsein, stellt sich natürlich die Frage: Warum nimmt dann die Zahl der Christen im deutschsprachigen Europa immer mehr ab?

In den vielen Gesprächen, die ich seit Jahren in Ost und West mit Atheisten führe, ist eines der Hauptargumente: «Wozu sollte ich Gott brauchen? Ich bin zufrieden.» Einige bezeichnen sich sogar als «glücklich ohne Gott».

Wenn in manchen Evangelisationen, aber auch christlichen Büchern das Bild vermittelt wird, Heiden lebten voller Probleme und erst die Bekehrung erlöse sie aus ihrem Elend, dann trifft das sicher auf einige auch tatsächlich zu, aber längst nicht auf die Masse.

Ich schenkte einmal einem jungen intelligenten Heiden aus Brandenburg fünf evangelistische Bücher aus evangelikalen Verlagen. Ich wollte wissen, ob sie ihn überzeugen, Christ zu werden. Sein Fazit:

«Es werden überall Geschichten erzählt, wie man in Drogen-, Spiel- oder Sexsucht gefangen war, dann Christ wurde und sich alles zum Guten wendete. Ich aber bin gar nicht süchtig und habe auch sonst keine großen Probleme. Ich komme in den Büchern also nicht vor. Warum sollte ich denn unbedingt einem Jesus folgen, wie es da überall steht?»

Es ist tatsächlich so, dass ich meine heidnischen Mitbürger in Brandenburg in großer Mehrheit als zufrieden und freundlich erlebe.

Wenn von Gott zur DDR-Zeit die Rede war und vielfach auch noch danach, dann meist nach dem Motto: Es gibt ihn nicht! Wer an Gott glaubt, gilt letztlich als dumm.

Millionenfach nachgedruckt und von Atheisten zitiert wurde die angebliche Aussage des sowjetischen Kosmonauten Juri Gagarin, der 1961 als erster Mensch überhaupt von seinem Weltraumflug zurückgekehrt war. Er wurde gefragt, ob er am Himmel Gott gesehen habe. Seine Antwort soll gelautet haben:

«Ich war im Himmel und habe mich genau umgesehen: Es gab keine Spur von Gott.»

Die Worte haben sich tief ins Bewusstsein vieler Bürger im einstigen Ostblock (und dazu gehörte die DDR) eingeprägt. Die Christen hatten damals nur wenig öffentliche Möglichkeiten, dem beispielsweise in den Medien zu widersprechen.

45 Jahre nach Gagarins Aussage – also 2006, der Kosmonaut war längst (1968) gestorben – stellte sich heraus, dass sie ihm

von der kommunistischen Propaganda untergeschoben worden war. Ein Freund von ihm, ein ehemaliger Oberst der Luftwaffe, Valentin Petrov, trat an die Öffentlichkeit und erklärte, Gagarin könne diesen Satz gar nicht gesprochen haben, denn er sei ein gläubiger orthodoxer Christ gewesen.

Wie begegnet man Menschen, denen eingeredet wurde: «Wer an das, was in der Bibel steht, glaubt, dem fehlt es an Intelligenz»? Das ist ja mittlerweile auch im Westen vielfach so. Beispielsweise titelte Deutschlands führendes Meinungsmagazin «Der Spiegel» aus Hamburg zu Ostern 2019: «Wie kann man bloß so was glauben» – nämlich an Gott und alles, was dazugehört.

Sind Sie ein atheistischer Pfarrer?

Anstatt dem fröhlich mit guten Argumenten zu begegnen, erlebe ich auch unter entschiedenen Christen, dass sie ins Stottern geraten, wenn sie in Worte fassen sollen, was sie im Tiefsten erfahren haben: Gott ist gegenwärtig. Das fängt schon mit unserer Sprache an.

Wie wichtig sie ist, sei an einem Beispiel erläutert. Ich beteilige mich seit Anfang 2019 an einem ungewöhnlichen Gemeindegründungsprojekt in Brandenburg an der Havel. Unter den mehr als 75.000 Einwohnern in der Stadt zwischen Magdeburg und Berlin sind rund 10 Prozent Mitglieder einer Kirche – 90 Prozent also sind mehr oder weniger «naturbelassene Heiden», wie man hier sagt.

Ein ehemaliger Missionar, Hans-Martin Richter, und seine Frau Beate hatten die geniale Idee, mit Freunden 2017 eine kleine katholische Kirche, die bei eBay angeboten wurde, zu kaufen. Sie «bauen» seitdem zusammen mit hochmotivierten, ehrenamtlichen Mitarbeitern eine theologisch evangelikal ausgerichtete Gemeinde unter dem Dach des Evangelischen Gnadauer Gemeinschaftsverbandes in Berlin-Brandenburg auf. Diese St. Bernhard-Gemeinschaftskirche hat einen ehemaligen Friseurladen direkt gegenüber der Kirche gemietet und lädt dorthin beispielsweise einmal im Monat Bewohner der Siedlung an Sonntagnachmittagen zum Kaffeetrinken ein. Gegen Ende gibt es einen geistlichen Impuls. Einer der Referenten – Helmut Kautz – wurde einmal von einer Frau gefragt:

«Sind Sie eigentlich ein evangelischer, katholischer oder atheistischer Pfarrer?» (Sie wusste offensichtlich nicht einmal, um was für einen Beruf es sich handelt.) Helmut Kautz fragte zurück:

«Was meinen Sie denn, was ich sei?»

Die Antwort der Frau sollte jedem Prediger zu denken geben: «Sie müssen ein atheistischer Pfarrer sein, denn ich habe alles verstanden!»

Reden wir also von unserem Glauben so, wie wir über das Wetter, über einen Spaziergang oder Fußball sprechen! Nur so spürt man, dass der Glaube an Christus auch was mit dem Alltag, also mit unserem Leben zu tun hat. Die besten christlichen Argumente nützen nichts, wenn man sie nicht versteht.

Die überraschenden Fragen von Heiden

Wichtig ist, sich auf die manchmal überraschenden Fragen von Menschen einzulassen, die sich für den christlichen Glauben interessieren, zumal sie oft hochintelligent sind. «Was machte eigentlich Jesus am Karsamstag?», wurde ich beispielsweise gefragt.

Ich musste erst überlegen, bis mir dann die Stelle im Apostolischen Glaubensbekenntnis einfiel: Nachdem Jesus am Karfreitag «gekreuzigt, gestorben und begraben» war, ist er danach (Karsamstag) «hinabgestiegen in das Reich des Todes» (1. Petrusbrief 3,18 f.). Dort hat Jesus den Toten das Evangelium verkündigt, damit auch sie noch die Entscheidung für oder gegen ihn treffen können.

«Warum rühmt ihr Christen immer nur Israel?»

Ein großes Thema ist auch immer wieder Israel: «Warum rühmt ihr Christen immer nur Israel? Sind die arabischen Völker denn minderwertig? Ist Gott nicht ungerecht, wenn er nur Israel auserwählt hat? Warum liebt er nicht in gleicher Weise auch das palästinensische oder deutsche Volk?»

Es gibt dann geradezu ein Aufatmen, wenn man erst mal entgegnet, was der Apostel (und Jude) Petrus nach einer göttlichen Erscheinung erkannte: «Nun erfahre ich in Wahrheit, dass Gott die Person (bzw. Herkunft) nicht ansieht, sondern in jedem Volk, wer ihn fürchtet und recht tut, der ist ihm angenehm» (Apostelgeschichte 10,34 f.).

Man muss nicht auf alle Fragen gleich ausführlich oder auch sofort antworten, sondern kann auch einfach ankündigen, ein anderes Mal dazu Stellung zu nehmen oder brieflich zu reagieren.

Mehr als Argumente überzeugen häufig Geschichten

Meine Erfahrung ist aber, dass theologische oder gar philosophische Argumente zumindest zu Beginn eines Gesprächs über den christlichen Glauben wenig überzeugen. Ich versuche es deshalb öfter mit Geschichten, die auch ich einst gehört oder irgendwo gelesen habe.

Eine überraschende Anekdote vom Militär

Wenn gesagt wird, Christen lebten hinter dem Mond, hätten also einen Intelligenzquotienten im Minusbereich, erzähle ich gerne folgende Anekdote: Ein Offizier sagt beim Morgenappell zu einem Rekruten, den er auf dem Kieker hat:

«Sagen Se mal, waren Se Sonntag in der Kirche? Wohl fromm, was?»

«Ja», antwortet der einfache Soldat.

Daraufhin der Offizier mit Blick auf die angetretene Truppe:

«Sehen Sie die Kaserne?»

«Ja!», antworten die Rekruten.

«Sehen Sie mich?»

«Ja!»

«Sehen Sie Gott?»

«Nein!»

Daraufhin der Offizier:

«Dann gibt es ihn auch nicht.»

Daraufhin sagt der verspottete Christ:

«Darf ich auch mal was fragen?»

Er wendet sich zu seinen Kameraden und fragt:

«Seht ihr unsern Chef?»

«Ja!», brüllt die Truppe.

«Seht ihr seine Hände?»

«Ja!»

«Und seht ihr auch seinen Verstand?»

«Nein!»

Darauf der Rekrut:

«Dann hat er auch keinen.»

Noch viel nachdenklicher stimmt Atheisten freilich die folgende Parabel, die ich bei dem katholischen Theologen Henri J. M. Nouwen las:

Stellen wir uns mal Zwillinge im Bauch ihrer Mutter vor. Nehmen wir mal an, sie würden sich unterhalten. Da fragt der eine Zwilling den anderen:

«Glaubst du eigentlich an ein Leben nach der Geburt?»

«Ja, auf jeden Fall! Hier drinnen wachsen wir und werden stark für das, was draußen kommen wird.»

«Ich glaube, das ist Blödsinn! Es kann kein Leben nach der Geburt geben – wie sollte das denn aussehen?»

«So ganz genau weiß ich das auch nicht. Aber es wird sicher viel heller als hier sein. Und vielleicht werden wir herumlaufen und mit dem Mund essen?»

«So ein Unsinn! Mit dem Mund essen, warum denn? Es gibt doch die Nabelschnur, die uns ernährt. Und wie willst du herumlaufen? Dafür ist die Nabelschnur viel zu kurz.»

«Doch, es geht ganz bestimmt. Es wird eben alles nur ein bisschen anders.»

«Du spinnst! Es ist noch nie einer ‹nach der Geburt› zurückgekommen. Mit der Geburt ist das Leben zu Ende. Punktum.»

«Ich gebe ja zu, dass keiner weiß, wie das Leben nach der Geburt aussehen wird. Aber ich weiß, dass wir dann unsere Mutter sehen werden, und sie wird für uns sorgen.»

«Du glaubst doch wohl nicht an eine Mutter? Wo ist sie denn bitte?»

«Na hier – überall um uns herum. Wir leben in ihr und durch sie. Ohne sie könnten wir gar nicht sein!»

«Quatsch! Von einer Mutter habe ich noch nie etwas bemerkt, also gibt es sie auch nicht.»

«Doch, manchmal, wenn wir ganz still sind, kannst du sie singen hören. Oder spüren, wenn sie unsere Welt streichelt …»

Wenn ich diese Geschichte erzählt habe, gab es bislang noch nie Spott, sondern stets Nachdenklichkeit.

Ich möchte acht Argumente nennen, warum es sich meines Erachtens lohnt, Christ zu sein.

1. Der Mensch kann sich ändern

Viele Menschen leiden unter sich selbst, ihren Fehlern, Mängeln oder Sünden. Sie möchten eine Persönlichkeit sein, empfinden sich aber als permanente Nullnummer. Nun lässt Gott Paulus feststellen: «Wenn sich jemand Christus angeschlossen hat, dann entsteht in ihm eine neue Persönlichkeit. Er hat das Alte abstreifen können. Etwas ganz Neues hat in ihm begonnen» (2. Korintherbrief 5,17). Dieses Angebot bietet keine andere Religion. Christen werden dadurch nicht sündlos, aber sie haben eine völlig neue Orientierung und Geborgenheit.

2. Der Glaube bietet Regeln für ein sinnvolles Leben an

Gott bietet Regeln an, damit Leben besser gelingt. Das bestätigen sogar Umfragen oder wissenschaftliche Untersuchungen. So erhöhen biblische Regeln das seelische Wohlbefinden. Europas auflagenstärkste Tageszeitung, BILD, titelte am 11. Juni 2019: «Wer glaubt, wird glücklich(er).» Das Blatt zitiert den Chef des Meinungsforschungsinstituts INSA, Hermann Binkert (Erfurt), mit den Worten: «Der Glaube hat einen starken, positiven Einfluss auf das Glücksgefühl.» Das ist das Fazit von Binkert aus einer Befragung von 4.000 Bürgern. Danach sind gläubige Menschen, wenn sie erkrankt sind, glücklicher als Atheisten. Gläubige erklärten zu 74,7 Prozent, sie seien – obwohl krank bzw. ungesund – glücklich. Menschen ohne Glauben waren es nur zu 65,2 Prozent.

Im Blick auf die körperliche Gesundheit hält das – jeder christlichen Tendenz unverdächtige – Jugendmagazin des «Stern», «Neon» (wurde 2018 eingestellt), als Ergebnis von Untersuchungen fest: «Halleluja, Glaube ist gesund, sagen einige Studien. Demnach haben fromme Menschen seltener Geschlechtskrankheiten, einen niedrigeren Blutdruck und bessere Cholesterinwerte; sie rauchen weniger, sind weniger depressiv, haben stabilere Ehen und leiden seltener an Darmkrebs; sie überstehen Herzoperationen besser und leben im Schnitt 6,6 Jahre länger …»

Wenn als das höchste Glück die Gesundheit gilt, so hat der christliche Glaube also eine hohe Bedeutung. Gott sagt aber auch: Ein gesunder Körper ist erstrebenswert, eine Seele ohne Gott aber führt nicht in den Himmel. Als eine atheistische Verwandte von mir dies hörte, meinte sie: «Kannst Du das nicht etwas netter formulieren?» Ich hätte es gerne getan, doch die Bibel will es anders.

3. Ein Christ ist nie allein, selbst wenn er allein ist

Der christliche Glaube bietet etwas an, wonach sich viele Menschen sehnen. Als Hauptproblem hat sich laut Umfragen besonders unter älteren Bürgern die Einsamkeit erwiesen. Menschen haben das Gefühl, ganz allein zu sein. Und davor fürchten sie sich.

Was haben wir als Christen doch da für eine wunderbare Botschaft: Jeder, der sich zu Jesus Christus bekennt, hat den Heiligen Geist. Seine Wirkung beschreibt Jesus mit Worten, für die es in unserer Sprache gleich mehrere Begriffe gibt: Anwalt, Fürsprecher, Tröster, Begleiter (Johannesevangelium 14). Es geht um jemanden, der an unsere Seite gestellt wird. Das bedeutet: Wir sind als Christen nie allein, selbst wenn keiner bei uns ist. Wenn ich arbeitslos, einsam, depressiv bin, auf dem Sterbebett liege, überall, wo ich denke: «Jetzt haben mich alle verlassen», bin ich in Wahrheit nie wirklich verlassen! Gott steht mir mit seinem Heiligen Geist bei. Und dieser Heilige Geist ist ja nichts anderes als der gegenwärtige, uns beistehende Gott und sein Sohn Jesus Christus.

Bei einem Abendessen wurde einer der erfolgreichsten deutschen Unternehmer gefragt, wie viele Leibwächter denn für die Sicherheit seiner drei Töchter sorgten, denn sie könnten ja entführt und der Vater erpresst werden. Seine Antwort überraschte:

«Solche Leute brauche ich nicht. Meine Töchter gehen ja nie allein zur Schule.»

Es wurde nachgefragt:

«Gehen Sie oder Ihre Frau also mit ihnen?»

Der Firmenchef, der zu einer evangelikalen Brüdergemeinde gehört: «Nein. Meine Töchter verabschieden sich morgens von uns mit den Worten: ‹Wir gehen jetzt zur Schule.›»

«Und wer ist *wir?*»

«Als Christen wissen wir, dass Jesus stets mit uns mitgeht. Auch ich sage zu meiner Frau, wenn ich mich auf den Weg in den Betrieb mache: ‹Wir fahren jetzt in die Firma.›»

Das habe auch ich mir angewöhnt, zu denken und manchmal sogar zu sagen: «Wir gehen jetzt zum Zahnarzt … oder zum Finanzamt.» Es macht gelassener, denn ich bin ja nicht allein.

4. Wir haben Antworten auf die entscheidenden Fragen der Menschheit

Nach dem plötzlichen Zusammenbruch des sowjetischen Machtimperiums 1991 innerhalb von ganz wenigen Tagen wurde der große russische Dichter und Literaturnobelpreisträger Alexander Solschenizyn gefragt: Woran ist eigentlich die am weitesten verbreitete Ideologie des 20. Jahrhunderts – der Marxismus – gescheitert? Und seine Antwort:

«Weil er kein wirkliches Fundament hatte, keine richtigen Antworten auf die entscheidenden Fragen der Menschheit – nach Leid, Schuld und Tod.»

Ein Marxist hat am Bett eines sterbenskranken Genossen nicht viel Tröstliches zu sagen. Denn nach dem Marxismus verwirklicht sich der Mensch durch die Arbeit. Wer nicht mehr arbeiten kann, weil er krank oder alt ist, lebt sinnlos.

Auf diese Fragen versuchen alle Religionen eine Antwort zu geben. Ich mache allen Mut, die sich hier noch nicht entschieden haben: «Prüfen Sie alle Angebote. Lesen Sie den Koran oder Schriften über Buddha, aber lesen Sie auch das Neue Testament.»

Das Besondere am christlichen Glauben ist, dass wir ein Buch haben, in dem wir die Antworten auf diese Fragen nachlesen können. Und – was noch viel wichtiger ist – wir können auch nachprüfen, ob es stimmt, was der Mann sagt, der die Mitte der Bibel bildet: der Herr der Kirche. Nach ihm tragen Christen ihren Namen: Jesus Christus.

5. Schuld: Wir können immer wieder neu anfangen

Immer mehr Krankheiten haben eine seelische Ursache. Und als größte Seelenlast gilt unvergebene Schuld. Sie bohrt und bohrt immer wieder im Menschen und lässt ihn nicht zur Ruhe kommen, was sich dann in körperlichen Krankheiten äußert. Psychologen, Psychotherapeuten und Psychiater tun eine wichtige Arbeit. Sie können helfen, dass man mit Schuld besser zurechtkommt, aber sie können nicht Schuld vergeben, es sei denn, sie wären bibelfeste Christen. Jesus Christus bietet an, dass jeder, der sich ihm anvertraut und der seine Schuld bereut, Vergebung erfährt – für immer und ewig. Der christliche Glaube bietet Neuanfang an, egal, was man getan hat. Und das nicht nur ein Mal im Leben, wenn man sich für ein Leben als Christ entschieden hat, sondern immer wieder. Auch das ermöglicht keine einzige Religion auf der Welt.

6. Wir haben Beistand im Leid

Christus wusste, was Leid bedeutet. Er wurde verspottet, verleumdet und schließlich erlitt er eine der schlimmsten Todesarten, wurde bei vollem Bewusstsein gekreuzigt, ist nach vielen Stunden elend gestorben. Aber Skeptiker werden sagen: «Was hilft mir das, dass einer vor 2.000 Jahren so schlimm leiden musste?» Das Entscheidende ist deshalb, dass dieser Jesus Christus jedem, der sich ihm anvertraut, anbietet, im tiefsten Leid gegenwärtig zu sein. Das bedeutet nicht, dass man von Leid verschont wird oder immer von schweren Krankheiten geheilt würde. Auch unter Christen könnte deshalb die Frage aufkommen: Warum ich? Warum hat mich ein Alkoholfahrer zum Krüppel gefahren? Warum habe ich in jungen Jahren Krebs bekommen und nicht die heidnische Schlampe in der Nachbarschaft? Manchmal werden wir die Antwort bereits in unserem irdischen Leben erhalten. Wenn nicht, dürfen wir die Gewissheit haben, dass wir in der Ewigkeit erfahren, dass Gott in unserem Leben auf manchmal krummen Wegen gerade ging.

7. Wir brauchen keine Angst vor dem Tod zu haben

Vor nichts haben Menschen so viel Angst wie vor dem Sterben und dem Tod. Auch hier bietet der christliche Glaube Einzigartiges. Der gleiche Jesus, bei dem Hunderte zusahen, wie er am Kreuz verreckte und dann in eine Grabeshöhle gebracht wurde mit einem riesigen Stein davor, war drei Tage später und danach für weit über 1.000 Zeugen lebendig in Jerusalem zu sehen. (Der Apostel Paulus schreibt im ersten Brief an die Gemeinde in Korinth [Kapitel 15] von «mehr als 500 Brüdern». Damals wurden nur die Männer für erwähnenswert erachtet. Aber selbstverständlich waren auch Frauen und Kinder dabei, so dass von 1.000 zu sprechen völlig legitim ist.) Jesus ging, er aß, er sprach mit den Leuten. Dass jemand vom Tode auferstanden ist, das hat kein Religionsgründer von sich behaupten können.

Natürlich könnten auch hier Skeptiker sagen: «Was hilft mir das, dass da vor 2.000 Jahren etwas Unglaubliches geschehen ist?» Das Entscheidende ist, dass diese Auferstehung für uns heute ganz konkrete Bedeutung hat. Dieser Jesus bietet jedem, der sich ihm anvertraut, an, dass er keine Angst vor Sterben und Tod zu haben braucht. Er darf vielmehr die Gewissheit haben: Der Tod ist nicht mein Ende, sondern ein Sprung in die Arme Gottes.

Christen gehen nach ihrem Tod nicht in ein irgendwie geartetes Dunkel oder verschwinden wie ein Tropfen im Meer im Nichts, sondern sie werden bei Jesus Christus in der Ewigkeit sein. Die Bibel beschreibt den Himmel als Paradies. Jesus vergleicht ihn mit einer Hochzeit. So schön soll es dort zugehen (Matthäusevangelium 22,1–14). Alle Christen haben dort eine eigene Wohnung (Johannesevangelium 14,2). Wer jetzt zur Miete wohnt, verbessert sich also wesentlich. Jedes Treffen von Christen könnte man also auch als Eigentümerversammlung bezeichnen.

Allen, die trotzdem Angst vor Sterben und Tod haben, hilft vielleicht die folgende Anekdote:

«Ein Ehepaar kommt in den Himmel. Es bekommt eine Villa mit vielen Fenstern. Statt sich zu freuen, klagt die Frau:

‹Ich habe aber Ischias, ich kann das alles nicht putzen.›

Da meint der Engel, der sie begleitet:

‹Im Himmel gibt es keinen Ischias und keinen Schmutz, da brauchen Sie nicht zu putzen.›

Dann führt sie der Engel in einen wunderschönen Speisesaal. Dort gibt es alles, was schmeckt, aber eben auch sehr fett ist. Da jammert der Mann:

‹Das kann ich alles nicht essen. Ich habe viel zu hohe Cholesterinwerte.›

Da erwidert der Engel:

‹Im Himmel gibt es kein Cholesterin-Problem. Da können Sie essen, was Sie wollen.›

Nun wendet sich der Mann vorwurfsvoll an seine Frau:

‹Ohne deine Knoblauchpillen hätten wir das hier auch viel eher haben können.›»

Die Schuldfrage gelöst, die Leidfrage gelöst – soweit sie sich jetzt schon lösen lässt – und die Todesfrage ebenso: Damit sind Christen die bestinformierten, aber auch die am meisten getrösteten Menschen bei den heißesten Themen überhaupt. Um nicht missverstanden zu werden: Christen sind nicht unbedingt sündloser als andere Menschen, aber sie sind besser dran, weil sie nie allein sind, weil sie mit Schuld und Leid umgehen und mit Zuversicht auf ihr irdisches Ende zugehen können.

Die Bibel stellt fest: Es gibt zwei Lebensausgänge

All diese Vorzüge gelten freilich nur für alle, die sich an Jesus Christus orientieren. Es ist darum herausfordernd, darüber mit Heiden zu sprechen, also solchen Mitmenschen, die offen sind für religiöse Fragen. Ebenso herausfordernd ist es, mit Atheisten, die sich meist klar gegen Gott entschieden haben, oder mit Andersgläubigen in ein fruchtbares Gespräch zu kommen und ein persönliches Zeugnis zu geben. Respekt und gleiche Augenhöhe müssen gewahrt bleiben: Beim anderen sollte nie das Gefühl aufkommen, wir Christen würden alles besser wissen.

Zur Vorsicht mahnt hier die Geschichte vom Schächer am Kreuz, der sich in den letzten Minuten seines Lebens noch für Christus entschieden hat und deshalb mit Jesus im Paradies sein wird (Lukasevangelium 23,42 f). Nicht wir sagen: «Ohne Christus kein Heil!» Gott selbst hat festgelegt, dass an seinem Sohn alles hängt! Und er lässt Jesus erklären: «Ich bin der Weg, die Wahrheit und das Leben. Niemand kommt zum Vater denn durch mich» (Johannesevangelium 14,6).

Nicht wir Christen, sondern der lebendige Gott selbst stellt fest, dass es zwei Ewigkeitsperspektiven gibt: den Himmel oder aber ein ewiges Verlorensein. Die Bibel nennt es Hölle. Johannes zitiert Jesus in seinem Evangeliumsbericht (3,16): «Denn also hat Gott die Welt geliebt, dass er seinen eingeborenen Sohn gab, damit alle, die an ihn glauben, nicht verloren werden, sondern das ewige Leben haben.» Ähnliches findet sich an vielen Stellen im Neuen Testament. Das Christsein lohnt sich also vor allem deshalb, weil wir eine großartige Perspektive für «die Ewigkeit bei Gott» haben. Und im Angesicht der Ewigkeit schrumpfen die Lebensjahre in diesem irdischen Leben doch auf ein sehr überschaubares Maß.

8. Jeder Christ hat einen Beruf

Nun kommt es allerdings auch darauf an, dass diese unglaublichen Privilegien auch bekannt werden. Nach dem Neuen Testament sind Christen deshalb Botschafter (so Paulus im 2. Korintherbrief 5,20 f.). Was aber macht ein Botschafter? Laut Bundesgesetz ist ein Botschafter Vertreter des Bundespräsidenten und der Bundesregierung. Er ist – wie es wörtlich heißt: «Auge, Ohr und Stimme» Deutschlands im Ausland. Nach dem Neuen Testament ist ein Christ Botschafter des Sohnes Gottes.

Ist uns das bewusst, dass jeder von uns als Christ den Herrn dieser Welt vertritt? Sind wir «Auge, Ohr und Stimme» unseres Herrn in der Gesellschaft? Künftige Botschafter lernen viel über ihr eigenes Land und über das Land, in das sie entsandt werden. Wissen wir als Christen genug über das Reich Gottes und unsere Gesellschaft? Wir werden hier vor allem durch die Bibel und die heutigen Medien informiert. Beides ist wichtig, um die Zeichen der Zeit zu deuten, wie Jesus forderte (Lukasevangelium 12,54–56).

Wir haben den Staat an seine Aufgabe zu erinnern, die im Neuen Testament klar beschrieben ist:

Gesetzesbrecher zu bestrafen und die guten Bürger zu fördern (1. Petrusbrief 2,14).

Auf der anderen Seite sind wir Christen dem Staat loyal gegenüber und halten uns an alle Gesetze, es sei denn, sie widersprächen den Geboten Gottes. Dann erst gilt: «Man muss Gott mehr gehorchen als den Menschen» (Apostelgeschichte 5,29).

Ruhestand? Für Christen gibt es nur das Ruheliegen

Botschafter «an Christi statt» – wie Martin Luther es übersetzt – sind wir bis zum letzten Atemzug. Da gibt es keinen Ruhestand – bestenfalls ein Ruheliegen im Sarg. Der Vorsitzende der Gästehäuser «Hohe Rhön», Fritz Schroth (Bischofsheim), hat es genial so formuliert: «Jesus Christus hat nicht gesagt: Handelt bis zum Rentenbescheid und wartet auf den Tod, sondern: Handelt, bis ich wiederkomme. Christen sind also immer im Dienst.»

Bei diesem Dienst brauchen sich die Christen nicht zu verstecken. Untersuchungen haben ergeben, dass Christen wertvolle Staatsbürger sind: Sie hinterziehen weniger Steuern als andere, fahren weniger schwarz, sind weniger korrupt und weniger anfällig für Ideologien – eigentlich müsste der Staat also Mission geradezu subventionieren.

Das Christentum ist im Vergleich zu Religionen und Ideologien eine einzigartige Erfolgsgeschichte. Aus zwölf meist einfachen Leuten wurde eine Bewegung, zu der sich zumindest nominell fast jeder dritte Bürger dieser Welt bekennt. Machen wir doch allen nichtchristlichen Mitbürgern Mut, bei dieser Bewegung dazuzugehören!